라곰 라이프

라곰 라이프

더 적게 소유하며 더 나은 삶을 사는 법

안나 브론스 지음 · 신예희 옮김

21세기북스

차례

스웨덴 사람들에게 배우는
균형 잡힌 삶

추운 겨울 부엌 창가를 밝힌 촛불, 집 안 전체에 녹아든 황금빛 햇살, 질서정연하게 늘어선 도시의 건물들. 사람들이 '스웨덴' 하면 으레 떠올리는 이미지다. 스웨덴은 많은 사람의 마음을 끌어당기는 매력을 지녔다. 스칸디나비아반도의 다른 여러 나라와 마찬가지로 살고 싶은 곳, 삶의 자세를 배우고 싶은 곳으로 손꼽힌다.

가족이 모두 스웨덴 출신인 우리 집에서 자주 쓰는 표현이 있다. 바로 '라곰lagom'이다. 이 단어는 '딱 좋다'라든가 '적당하다'라는 의미로 번역된다. "음식을 얼마나 담아줄

까?"라는 질문에 "적당히요lagom", "커피는 얼마나 따라줄
까?"라는 질문에도 "적당히 주세요lagom"라고 답한다.

　여기서 라곰은 정확한 양을 지칭하는 말이 아니다. 너무
과하지도 부족하지도 않은, 그 둘 사이 어디쯤에 있는 그
무엇이다. 양극단 사이에서 적당히 균형을 잡는 것. 각자의
삶 속 균형의 문제이기도, 사회적 이해관계의 문제이기도
하다.

　라곰은 스웨덴 사회와 문화의 많은 부분을 잇는 실과 같
다. 또 개인의 행동 양식과 공동체 정신의 초석이 되어준
다. 우리 가족은 하나같이 개성 넘치는 별종들이지만 적당
한 선에서 서로 잘 어울렸다. '라곰 라이프'를 누렸다고나
할까. 우리는 언제나 통곡물과 채소를 듬뿍 넣은 균형 잡
힌 식사를 했고, 괜한 낭비를 줄이기 위해 노력했다. 어릴
적부터 나는 좋은 것을 소유하고 싶다면 그만큼의 가치를
지급해야 한다는 걸 가훈처럼 새겨들으며 자랐다. 우리 집
은 세간도 무척 소박했다. 낡은 소파를 울 담요로 덮어 사
용했고, 찬장이며 서랍에도 온통 직접 짠 직물이 가득했다.

단순히 검소한 습관만을 말하는 게 아니다. 부모님은 공교육을 신뢰하는 분들이었고, 개인의 이익보다 사회의 공익을 중요하게 생각했다. 사실 검소하다는 면에서라면 이웃의 평범한 미국인 가정이 우리 집보다 더했을지도 모른다. 하지만 이것만은 분명하다. 어린 시절 우리 집의 풍경은 일반적인 스웨덴 사람들의 라이프스타일을 반영했다. 항상 사려 깊게, 과하지 않게 주의를 기울였다. 혼란스럽고 복잡한 현대사회에서 스웨덴의 이런 점은 그야말로 신선한 한 줄기 바람과 같다.

너무 열심히 살지 않아도
행복한 삶

현대사회에서는 많은 사람이 모 아니면 도라는 식의 한쪽으로 크게 치우친 정신 상태를 가진다. 겉으로 좋아 보이는 것이 최고라고 믿으며, 스스로도 그런 '최고'가 되려

고 애쓴다. 그 때문에 모두 일에 치여 혹사당한다. 해야 할 일의 목록을 정신없이 들쑤시고, 완전히 뻗을 때까지 자신을 밀어붙인다. 또 유명인의 사진으로 가득한 잡지를 뒤적이며 남과 나, 남의 가정과 내 가정을 비교한다. SNS 속 친구들의 모습을 봐도 모두 나보다 멋지게 사는 것 같다. 우리는 고르고 고른, 근사한 부분만을 타인에게 보여준다. 화려하고 고급스러운 순간의 모습, 모든 사람과 능숙하게 사교활동을 하는 모습, 무슨 일이 있든지 완벽히 행복한 모습 같은 것들 말이다. 나머지 부분에는 자물쇠를 굳게 걸어 잠그고 내 속에만 간직한다. 그사이 스트레스는 점점 더 심해지고 긴장감 역시 커진다. 급기야 번아웃된다.

변화가 필요하다. 각자의 한계를 인정하고 스스로에게 물어야 한다. 어떻게 해야 우리의 삶이 더 나아질까? 하룻밤 사이에 건강하고 지속 가능한, 균형 잡힌 라이프스타일을 뚝딱 만들어주는 마법은 없다. 대신 우리는 라곰을 받아들여 삶을 원하는 방향으로 이끌어나갈 수 있다.

나에게 라곰이란 남들과 비슷비슷하게 평균치로 행동하

는 것이 아니다. 적당히 수긍하는 것도 아니다. 하고 싶은 것을 꾹 참는 것 역시 아니다. 매일매일 삶 속에서 균형을 찾는 것, 그것이 나의 라곰이다. 사회가 발전하면 우리 개인의 삶도 함께 나아질 것이라 믿고 공익에 초점을 맞추는 것이다. 가깝게는 직장에, 넓게는 주변 환경 전체에 모두 해당한다.

아무리 좋은 것이라도 너무 과하다면 뭐가 좋은지 더는 못 느끼게 된다. 온몸이 녹아내릴 듯 달콤하고 진한 케이크 한 조각을 상상해보자. 생각만 해도 좋다. 하지만 곧바로 한 조각 더 먹는다면? 아무리 애를 써도 맨 처음 한입만큼 환상적이긴 어려울 것이다. 이건 우리 삶의 모든 부분에 적용할 수 있다. 매일같이 빈둥거리는 사람은 막상 휴일을 맞이해도 특별히 좋은 점을 깨닫지 못한다. 즐거운 일은 항상 있지 않으므로 즐겁다. 어렵게 얻은 평온함과 그 안에서 느끼는 균형감. 우리가 원하는 것은 이런 감정이다.

먹는 음식과 입는 옷, 생활 방식과 업무 방식 등 우리의

일상에 라곰의 감각을 담아보자. 더욱 균형 잡히고 지속 가능한 라이프스타일을 위한 첫걸음이다. 소비적인 생활을 고치려고 치료제를 당장 삼키는 대신 우리 존재의 기쁨을 감싸 안는 것. 라곰이란 결국 단순함과 적당함의 원칙에 기반을 둔다. 라곰 라이프에선 부족한 것이 오히려 나은 것이 된다.

이 책은 라곰 라이프를 소개하기 위해 썼다. 라곰이란 무엇인지, 그리고 일상생활의 다양한 부분에 어떻게 적용해야 하는지 이야기한다. 그렇다고 스웨덴 사람처럼 살자는 것이 아니다. 쳇바퀴 돌듯 피곤하고 소모적인 현대사회에서 벗어나 지금 이 순간에 집중하자는 의미다.

이 책을 통해 삶 속에 라곰을 더욱 깊숙이 받아들이는 방법을 찾아보자. 더 주의 깊고 더 사려 깊은 삶, 더 적게 소유하면서 더 나은 삶을 사는 방법이다. 천천히, 느리게, 일상을 끌어안자. 더욱 균형 잡히고 충만한 삶을 위해서.

01

／

과하지도,
부족하지도 않은

LAGOM LIFE _____

당신이 원하는 딱 그만큼 행복한 삶,
라곰

라곰 Lagom
(부사) 딱 맞게, 충분히, 적당히
(형용사) 알맞은, 충분한, 적당한, 걸맞은
출처 : 놀스텟츠 출판사 스웨덴어-영어사전 NORSTEDTS ORDBOK

  스웨덴어 발음 그대로 라곰을 쓰면 'lɑːgɔm'이다. 영어
권에선 'lah-gom'으로 발음한다. 오랜 역사를 간직한 단
어다.
  스웨덴 사람들에게 라곰의 어원이 무엇인지 물어보면

아마 대부분 바이킹 이야기부터 꺼낼 것이다. 옛날 옛적 바이킹들은 길고 뾰족한, 커다란 동물의 뿔을 술잔 삼아 벌꿀 술을 가득 채워 마셨다. 바이킹에게는 라겟 옴Laget om 이라는 풍습이 있었는데, 번역하자면 '한 팀끼리 뭉쳐서 파이팅하기'쯤 되는 표현이다. 술을 가득 채운 뿔잔 하나를 여러 명이 돌려가며 한 모금씩 나누어 마신 후 형제애를 다진 것이다. 시간이 흐르면서 라겟 옴이 라곰으로 변형되었다고 전해진다. 그런데 이 낭만적인 이야기는 사실 라곰의 어원이 아니다.

라곰의 어원은 이보다 좀 더 단순하다. 스웨덴 고어 라굼laguhm에서 유래한 단어다. 대략 '법에 따르면'이라는 의미다. 사회 구성원으로서 적절하고 올바르게 행동한다는 뜻도 된다. 라굼의 라그lag는 법law을 뜻한다. 어원만 봐도 오늘날 스웨덴 문화에서 라곰이 어떤 역할을 하는지 알 수 있다. 결국 라곰이란 사회 구성원들이 명문화된 법뿐 아니라 상식에 따라 행동하도록 장려하는 개념이다.

그 의미가 시대에 맞게 조금씩 변해가고 있지만, 여전히 라곰은 현대사회에 적지 않은 영향력을 미친다. 영어 문화권에선 라곰을 '너무 많지도, 너무 적지도 않고 딱 적당하다'로 번역한다. 라곰을 안다는 건 양극단 사이에서 적당한 선을 지킬 줄 안다는 뜻이다. 상황에 맞게 적절히 행동하며, 자신에게 맞는 양만큼 먹는다는 의미다. 뒤집어 말하면 적당한 것에 기뻐하고 만족한다는 소리다.

라곰은 스웨덴 사회의 거의 모든 요소에 두루 쓰일 수 있는 포괄적인 단어다. 밥을 먹을 때도, 한잔할 때도, 일을 할 때도 라곰을 적용할 수 있다. 스웨덴 사람들은 과하지 않게 적당히 소유하는 것이 올바르고 평등한 사회로 나아가는 길이라고, 그리고 결과적으로 좋은 삶으로 이끄는 길이라고 믿는다.

한편, 라곰을 이용해 무언가가 좋지 않다는 의견도 슬쩍 전달할 수 있다. 라곰 브라lagom bra를 번역하면 '적당히 좋은lagom good'이지만, 실은 대단치 않다는 뜻이다. 무언가가 라곰 롤릿lagom roligt, 즉 '적당히 재미있다lagom fun'고 한다면 영 재미가 없다는 소리다.

스웨덴 사람들이 행복을 찾는 법

라곰은 스웨덴 사람들의 문화 속에 아주 깊게 배어 있다. 너무 당연한 것이다 보니 스웨덴 사람들은 라곰에 대해 평소에는 별 생각을 하지 않을 정도다. 대강 이런 식이다. 우리 할머니는 102세나 되었는데, 어머니를 통해 내가 이 책을 쓰고 있다는 이야기를 전해 들었다. 그러고는 "아니, 라곰을 가지고 어떻게 책을 한 권이나 쓸 수 있다니?"라고 했단다.

그런데 실은 우리 할머니야말로 '라곰의 여왕'급인 분이다. 우리는 매년 크리스마스에 말린 과일을 듬뿍 넣은 전통 케이크를 먹는데, 할머니는 그것을 종잇장처럼 얇게 잘라 먹었다. 과식해서 뭐하냐는 것이다. 그러면서도 샌드위치를 만들 때면 버터를 듬뿍듬뿍 발랐다. 또 저녁 식사 때마다 와인 한잔을 꼭 곁들였다. 의사가 몸에 좋다고 했다나. 그러니까 할머니는 절약이 몸에 밴 분이면서, 가장 작은 것에서 즐거움을 찾을 줄 아는 분이다. 100세 때까지 날마다 산책하러 나갔고, 야생화와 나뭇가지를 꺾어 와서 부엌 테이블을 장식했다. 커피를 마실 때에는 항상 직접 구운 달콤한 과자를 함께 즐겼다. 절제와 단순함 속에서 즐거움을 찾는 우리 할머니식 라곰. 그분이 장수한 비결이 어쩌면 라곰에 있을지도 모르겠다.

스웨덴 친구 커스틴에게 라곰에 대해 어떻게 생각하는지 물었다. 그러자 커스틴은 아예 직장 동료들과 함께 토론을 벌였다. 평소에 딱히 염두에 두지 않던 걸 진지하게 생각하자 꽤 흥미로운 대화가 오갔다고 한다. 동료 중 한 명은 'Precis som man vill ha det'이라는 의견을 냈는데, '당신이 원하는 딱 그만큼'이라는 뜻이다. 나는 이 말을 좋아한다. 각자의 삶에서 만족스럽다고 느끼는 만큼만을 가지는 것. 라곰을 제대로 이해하기에 할 수 있는 표현이다.

스웨덴 사람들이라고 해서 과하게 구는 법이 전혀 없을까? 그렇지 않다. 그들에게도 적당한 수준에서 확 벗어나는 순간이 분명 있다. 그들 역시 화끈하게 술을 마시는 날이 있고, 크리스마스에는 음식을 넘치도록 차려놓고 신

나게 즐기기도 한다. 하지만 스웨덴은 전반적으로 개인의 행동 양식과 패션, 음식, 그 외 여러 면에서 적당함을 유지하는 나라다. 스웨덴인들은 극단적으로 치닫는 일이 생겼을 때 잠시 그 문제에서 벗어난다. 그리고 맛있는 음식을 먹으며 휴식을 취하고 마음을 차분히 가라앉힌다. 라곰은 모든 걸 적당히 즐길 수 있도록 도와준다. 라곰, 꽤 괜찮은 개념이다.

스웨덴에는 '라곰 알 배스트lagom är bäst'라는 속담이 있다. 단어 뜻 그대로 해석하면 '라곰이 최고'라는 뜻인데, '모든 것이 적당하다'는 의미로 쓰인다. 달콤한 디저트는 얼마큼 먹어야 좋을까? 라곰 알 배스트, 적당히 먹어야지. 직장에서 초과근무를 몇 시간이나 해야 하려나? 라곰 알 배스트, 적당히 일해야지. 인생을 살며 무엇을 하든 과하지 않게 딱 맞는 만큼만 하라는 것이다. 라곰 알 배스트보다 한술 더 뜨는 표현도 있다. 프레시스 라곰precis lagom이다. 라곰이야말로 절대적으로 옳다는 의미다. 적당한 양, 적당한 느낌, 그게 진리라는 것.

누구에게나 동등한
균형의 가치

스웨덴은 '라곰의 나라'라고도 불린다. 그만큼 라곰이 문화 전반에 깊숙이 녹아 있다는 뜻이다. 단순한 단어를 뛰어넘어서 사회적인 개념으로 말이다. 과하지 않은 적당한 선을 지키며 성공을 추구하는 나라. 스웨덴의 이런 모습은 다른 여러 나라에게 정치적 모델이 돼준다.

그 때문에 많은 사람이 스웨덴 사람들만 라곰을 이해하고 받아들일 수 있을 거라 믿는다. 뭐니 뭐니 해도 라곰은 스웨덴어에만 존재하는 단어니까, 이를 모국어로 사용하는 사람들에게만 국한되는 가치로 여기는 것이다. 하지만 언어학을 공부한다면 그렇지 않다는 것을 금세 알 수 있다. 어떤 언어에 특정한 단어가 존재한다고 해서 그것이 그 언어 사용자의 행동만을 규정하는 것은 아니다.

덴마크어 휘게hygge만 해도 그렇다. 휘게를 다른 나라 말로 딱 맞게 번역할 수는 없다. 그러나 '포근한 순간을 만든다'는 의미는 덴마크 사람들만의 것이 절대로 아니다. 《라곰, 그리고 언어에 대한 다른 신화들》의 저자이자 스톡홀름 대학교 언어학과 강사인 미카엘 파크발은 말한다.

"그것에 해당하는 단어가 있고 없고 간에 사람들은 누구나 휘게를 즐깁니다. 라곰도 마찬가지입니다. 스웨덴 사람들이 태생적으로 라곰에 좀 더 가까울 수 있지만, 스웨덴어에 라곰이라는 단어가 있어서 그렇다고 해석하는 건 위험합니다. 다른 지역에 사는 사람들 역시 삶에서 라곰을 필요로 합니다. 그에 해당하는 단어가 없더라도 말이에요. 너무 적거나 너무 많은 걸 이해하지 못하는 사람은 없거든요."

파크발이 말하고자 하는 것은 라곰의 개념을 이해하거

나 삶 속에 받아들이기 위해서 스웨덴 사람이 될 필요는 없다는 것이다. 옳은 말이다. 누구나 정도를 지키는 삶, 균형 있는 삶을 원한다. 스웨덴에서만 원할 리 없다.

모두를 위한 라곰

고대 그리스어에는 판 메트론 아리스톤πάν μέτρον ἄριστον이라는 표현이 있다. '모든 것이 적당하다'는 의미다. 현대 언어에는 더 많다. 에스토니아어 파라스paras와 핀란드어 소피바sopiva 모두 라곰과 흡사한 단어다. 영어에도 '좋은 일은 적당히all good things in moderation'라는 속담이 있다. 균형과 절제는 여러 문화권에서 공통으로 중요하게 여기는 덕목이다. 우리 대부분은 항상 균형과 절제를 갖추며 살아야 한다고 생각한다.

그렇더라도 스웨덴 사람들이 다른 나라 사람들보다 태생적으로 보다 라곰하다고 일반화하는 것은 어쩔 수 없는

일이다. 나 역시 미국에서 나고 자라면서 이렇게 생각했다. 미국 문화는 스웨덴과 완전히 반대라고, 전혀 라곰하지 않다고 말이다. 외국인들은 곧잘 스웨덴 사람들이 냉정하고 침착하며 차분하다는 평가를 내린다. 양극단에 서기보다 중간 지점에 선다는 것이다. 국민 하나하나가 삶의 균형을 찾았기에 모두 건강하고 행복해 보인다. 따라서 그 균형을 유지하기 위해 끊임없이 조정되는 진보적인 국가 정책에 매료된다.

문제는 이런 외부 시선이 스웨덴 사람들에게 꼭 좋지만은 않다는 점이다. 파크발은 이렇게 묻는다. "스웨덴 사람이라고 해서 항상 라곰하게 살아야 할까요?"

모든 스웨덴 사람이 라곰을 좋아하는 건 아니다. 누군가가 삶의 원칙으로 여기는 라곰이 다른 누군가의 발목을 붙잡을 수도 있다. 한계를 뛰어넘어 도전하고 싶지만, 보다 높은 차원으로 나아가지 못하게 방해한다는 것이다. 파크발은 "라곰은 스웨덴 사람들에게 종교 같은 의미가 아닙니다"라고 덧붙였다.

지나침은
모자람만 못하다

스웨덴의 정치적, 사회적 구조를 살펴보지 않고 라곰을 이야기할 수 없다. 이 나라의 환경 정책은 매우 혁신적이다. 소비하는 에너지 절반 이상이 재생 에너지인 까닭이다. 또한 부모에게는 자녀 1인당 1년의 유급휴가가 주어진다. 국민의 평균 수명은 80세를 넘겼다. 세계에서 가장 행복한 나라를 꼽을 때면 항상 이름을 올린다. 괜찮은 나라다. 국민의 대다수에게 사회, 경제적으로 득이 되는 구조다.

개인의 이익보다 공동체의 쾌적한 삶을 위해 사회적으

로 배려하는 것이 스웨덴 정치와 문화의 기본 원칙이다. 모든 사람이 똑같은 권리와 혜택을 누릴 수 있어야 한다는 믿음을 가지고 있다.

라곰의 핵심에는 바로 이런 사회적, 정치적 토대가 깔려 있다. 적당히 절제하는 게 모두를 위해 좋은 일이며, 모든 사람이 동등한 대우를 받으면 사회가 번성할 것이라는 믿음. 라곰은 이런 공동체 사회를 이루는 기본 개념이다. 스웨덴의 구성원이라면 누구든지 너무 적게도, 너무 과하게도 갖지 않는다.

이런 사고방식이 부정적으로 느껴질 수 있다. 북유럽식 사고방식으로 잘 알려진 '얀테의 법칙' 문제처럼 말이다. 얀테의 법칙은 1933년에 출간된 덴마크 출생의 노르웨이 작가 악셀 산데모제의 저서 《도망자, 지나온 발자취를 다시 밟다》에서 유래한다. 산데모제는 '얀테'라는 가상의 마을을 창조해, 그곳 주민들의 생활 속에 깊이 뿌리박힌 열 가지 법칙을 묘사한다.

얀테의 법칙

1. 당신이 특별하다고 생각하지 말라.
   You're not to think you are anything special.

2. 당신이 남들만큼 잘났다고 생각하지 말라.
   You're not to think you are as good as we are.

3. 당신이 남들보다 똑똑하다고 생각하지 말라.
   You're not to think you are smarter than we are.

4. 당신이 남들보다 더 나은 위치에 있다고 생각하지 말라.
   You're not to imagine yourself better than we are.

5. 당신이 남들보다 더 많이 안다고 생각하지 말라.
   You're not to think you know more than we do.

6. 당신이 남들보다 중요하다고 생각하지 말라.
   You're not to think you are more important than we are.

7. 당신이 모든 것에 능숙하다고 생각하지 말라.
   You're not to think you are good at anything.

8. 남들을 비웃지 말라.
   You're not to laugh at us.

9. 아무도 당신을 신경 쓰지 않는다.
   You're not to think anyone cares about you.

10. 다른 사람을 가르치려 하지 말라.
    You're not to think you can teach us anything.

적당한 것도 적당히

얀테의 법칙은 모든 사람이 평등한 구조를 만든다. 북유럽 국가에서는 이런 법칙을 종종 볼 수 있다. 외부에서 봤을 때 멋지게 보일 수도 있지만, 자칫 문화적인 문제로 이어질 수 있다.

오늘날 얀테의 법칙은 예전만큼 호응을 받지 못하고 있다. '우리는 모두 평등하다'라는 말이 '네 이웃보다 너무 잘나선 안 된다'라든가, '넌 특별한 사람이 아니다'로 받아들여지기 때문이다. 이런 말은 각자의 개성, 기대 이상의 성취, 그 밖의 북유럽식 사회 순응에서 벗어난 것들을 몽땅 찍어 누르는 표현이다. 수십 년에 걸쳐 조금씩 바뀌기는 했지만, 여전히 스웨덴을 비롯한 여러 북유럽 국가로 이주한 사람들을 괴롭히는 문화적 관습이다. 특히 개인주의에 익숙한 문화권에서 온 이주자라면 더 괴로울 것이다. 《거의 완벽한 사람들: 북유럽 천국 신화의 이면》의 저자 마이클 부스는 말한다.

"얀테의 법칙은 야망을 갖거나 경쟁심에 불타오르는 걸 권장하지 않습니다. 이건 아이들에게 더욱 큰 영향을 미칩니다. 똑똑하고 성취도 높은 아이일수록 학교에서 압박을 받아요. 특히, 공부를 잘하면 너무 튄다고 한 소리 듣는다니까요. 그나마 핸드볼 같은 팀 스포츠를 잘하는 건 괜찮아요. 물론 너무 빼어나지 않는 한에서요."

비단 스웨덴만의 문제가 아니다. 호주에는 '키 큰 양귀비 증후군'이라는 말이 있다. 주변에 비해 뛰어난 성공을 거둔 사람을 경원시하고 비난하는 사회 현상을 뜻한다. 호주뿐 아니라 뉴질랜드와 캐나다 등 다른 영어권 국가에서도 같은 현상이 나타난다. 네덜란드에도 비슷한 의미의 속담이 있다. '키 큰 나무는 바람을 잔뜩 맞는다'는 속담이다. 이런 사회적 관습은 구성원 모두 동등한 대우를 받을 수 있도록 도와주지만 한편으로는 도전하지 못하게, 튀지 못하게 사람들을 옭아매는 제약이기도 하다. 심한 경우, 특출한 재능이 있거나 크게 성공한 사람을 무리에서 내쳐버리는 결과를 초래한다.

새로운 라이프스타일이
필요한 사람들

완벽한 균형을 잡으려면 중간이 어디인지 알아야 한다. 삶의 모든 부분에 해당하는 말이다. 라곰은 우리가 극단으로 치닫지 않게, 중간에서 균형을 찾도록 도와준다.

극단적 상태는 육체적으로나, 정신적으로 해롭다. 극단적 상태의 현대인을 한번 돌아보자. 입에 착 붙는 음식을 며칠 잔뜩 먹고서 후회하며 다이어트를 하지만 끝나자마자 다시 과식한다. 직장에서는 스트레스에 찌든 채 장시간 근무하며 최고가 되려고 몸부림친다. 퇴근하면서도 일거리를 챙겨온다. 저녁 식사를 하는 사이사이, 아이들을 재우는 사이사이 이메일을 체크한다. 산만하고 지친다. 너무 많은 걸 해내려고 하다 보니 뭐가 뭔지 모르겠고 삶을 제대로 컨트롤할 수 없다는 생각이 든다. 제대로 돌아가는 건 하나도 없는 기분이다. 전혀 행복할 리 없다.

이런 라이프스타일은 우리를 극단까지 밀어붙인다. 개인과 주변 환경의 한계를 훨씬 넘어선 지경까지 몰아세운다. 현대사회에서는 이러한 방식이 삶의 원칙인 양 돼버렸다. 이렇게 과도한 라이프스타일은 응당 대가를 요구한다. 육체적, 정신적 건강을 잃게 되고 우리를 둘러싼 세계 역시 정상적으로 작동하지 않게 된다.

이때 라곰이 우리를 도와준다. 사실 이 모든 상황에 대한 쉬운 해결책은 없다. 현대사회의 스트레스와 온갖 문제를 한 방에 해결해주는 만병통치약 따위도 없다. 하지만 라곰을 통해 분명 배울 점이 있다. 나는 지금 이대로 충분하다고 깨닫는 것이다. 어떤 사람이 되겠다고 계획하기보다 현재 내 모습에서 행복을 찾을 수 있다.

우리는 화려한 패션 잡지와 SNS 속 유명인들을 보며,

저렇게 살아야만 한다는 생각에 사로잡힌다. 그리고 스스로를 압박한다. '운동을 더 해야 해. 좀 더 사교적인 사람이 되어야 해. 잠을 더 자야 하나? 내 식생활이 엉망인가? 건강식품을 먹어야 하나? 더 좋은 직업을 가져야 해. 근사한 요리를 해야 해. 새로운 언어를 배워야 해. 남들 다 가니 나도 여행을 가야 해. 그리고 또, 그리고 또….'

뭐가 되었든, 남들처럼 그걸 해야만 한다고 자신을 괴롭힌다. 이런 자극들이 우리를 더 나은 사람으로 만들어줄 것 같지만 오히려 걸림돌이 된다. 영감을 주는 대신 자책하게 만든다. 격려하는 대신 방해한다. 필요 없는 사회적 경쟁을 부추기고 우리를 지치게 한다.

슬로 리빙, 느리게 살아도 괜찮아

많은 사람이 가진 것에 만족하지 못한다. 그리고 우리 자신에게도 만족하지 못한다. 대신 끊임없이 더 많은 걸 추구한다. '다음 단계에 도착하면 분명 행복해질 거야'라는 식의 개인적이고도 사회적인 무한 경쟁 속에서 살아간다. 한번 이 안에 갇히면 오로지 다음 단계에만 몰두하게 된다. 언젠가는 행복과 평화를 얻어 만족할 것이라 생각한다. 하지만 그런 것들은 오직 지금 이 순간, 우리를 둘러싼 세계에서 균형을 잃지 않을 때만 얻을 수 있다.

그런데 우리 자신이 누구인지, 그리고 인생에서 어떤 단계쯤에 와 있는지 인식하고 만족한다면 어떨까? 그럼 혹시 스스로를 현재에 고착시켜버리고 마는 건 아닐까? 라곰이란 그런 걸까?

그렇게 생각한다면 틀렸다. 인간은 언제나 무언가를 배우고, 그를 통해 계속 발전하는 존재다. 라곰은 현재에 머무르라며 붙잡고 늘어지는 것이 아니라, 개인이 스스로 진화하며 행복을 찾는 것을 의미한다. 그게 우리를 어디로 데려가든 말이다. 각자의 분야에서 명성을 얻지 못하더라도 괜찮다. 억대 연봉을 받지 못하더라도 괜찮다. 성공이나 실패 같은 결과가 우리를 정의하는 것이 아니다.

성공과 실패를 삶 속에 어떻게 받아들이는지, 그 자세가 진짜 자신을 보여준다.

라곰은 개인의 삶을 나아지게 하는 것에 그치지 않는다. 오늘날 우리 삶의 부피는 점점 더 커져가고, 이걸 꾸리기란 쉬운 일이 아니다. 사람들은 점점 더 큰 집과 더 큰 자동차를 소유한다. 더 많이 소비하고 더 많이 지출한다. 과도한 삶, 낭비투성이 삶이다. 우리가 무언가를 선택할 때 좀 더 진지하게 고민한다면 달라질 수 있다. 일상에 라곰을 받아들이면 기분이 나아질 뿐 아니라 지속 가능한 삶을 추구하는 데 도움이 된다. 모든 부분에서 부족하거나 넘치지 않는다면 우리 자신과 주변 환경, 사회 속에서 더욱 균형을 잡을 수 있기 때문이다.

슬로 푸드 운동을 통해 우리가 먹는 음식에 대해 좀 더 깊이 생각할 수 있었듯이 이 책으로 슬로 리빙에 대해 생각해보자. 슬로 리빙, 즉 느린 삶은 인생의 필수 요소에 초점을 맞춘 삶이다. 노력을 통해 얻을 수 있다.

적당히
행복한 삶의 조건

삶에 라곰을 받아들이기 위해서는 양보다 질을 추구하는 자세가 무척 중요하다. 오늘날에는 근사한 레스토랑의 코스 메뉴 가격보다 더 싼 테이블이나 소파를 쉽게 검색할 수 있다. 너무 싸다. 덕분에 우리는 쓰던 물건이 조금만 질려도 금세 바꿔버린다. 쉽게 내다 버리는 문화 속에서 살고 있다.

이 모든 일에는 결국 비용이 발생한다. 싸구려 재료와 싸구려 제품은 값싼 노동력으로 이어진다. 환경 기준을 무시하므로 사회와 자연이 고통받는다. 현대인들은 마치 우리에게 여분의 지구가 있기라도 한 듯이 자원을 펑펑 낭비한다. 반드시 바로잡아야 할 문제다. 선택 사항이 아니라 필수다.

장인 정신을 갖춘 훌륭한 물건을 알아보는 안목을 갖고 그 가치를 받아들이자. 이는 근사한 외양뿐 아니라 그 안에 담긴 의미까지 헤아리자는 뜻이다. 솔직히 가치 있는 물건은 비싸기 마련이다. 하지만 장기적인 투자가 된다. 수십 년 이상 쓸 수 있고 아래 세대에게 물려줄 수도 있다. 애초에 그러라고 만든 것이다.

저명한 북유럽 인테리어 매체인 트렌덴세르(www. trendenser.se)의 설립자 프리다 람스테드는 "북유럽 디자인에는 라곰이 담겨 있습니다. 유행을 따르지 않으니 자주 바꿀 필요가 없죠"라고 말한다.

몇 세대 전에 만들어진 좋은 물건은 시대를 초월해 오늘날에도 여전히 사랑받는다. 빈티지 가구에 대한 수요가 얼마나 많은지만 봐도 알 수 있다. 지금의 싸구려 실내 장식품도 미래 세대에게 이처럼 큰 사랑을 받을 수 있을까?

상상하기 어렵다.

양보다 질을 추구하면 소비의 양이 줄어든다. 품질 좋은 제품에 투자한다는 건 같은 돈으로 적은 양에 투자한다는 의미이기 때문이다. 시간을 들여 진정 원하는 것을 하나씩 모은다면 쓸데없는 물건을 자꾸 사는 습관을 고칠 수 있다.

하지만 이것은 현재의 문화적 흐름에 역행하는 것이다. 오늘날에는 더 많이 사들여야 삶도 더 나아질 거라고 믿는다. 무엇을 사는지는 중요하지 않다. 공백을, 공허함을 채울 수만 있다면 소파가 됐든 테이블이 됐든, 혹은 조명 기구든 간에 무엇이든지 사들인다. 물론 우리는 소비를 조장하는 메시지에 둘러싸여 살아간다. 따라서 무엇이든 채워 넣고픈 충동이 영영 사라지지 않을 수 있다. 하지만 그런 욕구를 인식하고 거부할 줄 아는 힘을 길러야 한다. 라곰을 받아들이고 그 안에서 삶의 균형을 찾으면 공허함은 점차 사라질 것이다.

'무엇을' 소비하느냐가 아니라
'어떻게' 소비하느냐다

이쯤해서 여러분은 아마 한 가지를 묻고 싶을 것이다. '그럼 이케아는 뭐야?'라고 말이다. 가구업계의 글로벌 아이콘이 된 이 스웨덴 기업 덕에 이제 똑같은 테이블을 맨해튼, 시드니, 싱가포르, 서울에서 쉽게 만날 수 있다.

저렴한 물건을 대량으로 소비하는 오늘날의 문화를 만든 기업이지만, 이케아 역시 스웨덴 디자인을 이끄는 사회적 원칙에 뿌리를 두고 있다. 좋은 디자인은 삶을 더 윤택하게 만든다는 것, 그리고 모든 이들이 좋은 디자인을 누릴 수 있어야 한다는 원칙이다. 프리다 람스테드는 "이케아는 스웨덴 '민주적 디자인'의 훌륭한 예입니다"라고 말한다.

불행히도 민주적 디자인은 과도한 소비로 이어졌다. 제품이 지나치게 저렴하니 다들 사지 않고는 못 배기는 것이다. 지나친 소비가 국제적인 열풍이 되었다.

무엇보다 중요한 것은 구매한 물건을 사용하는 우리의 마음가짐이다. 단지 싸다는 이유로 일단 산 후 금세 새것으로 바꿔버리는 것과, 필요한 것만 구매해 오랫동안 사용하는 것은 다르다.

이케아가 오랫동안 시장을 선도해올 수 있었던 요인은 좋은 디자인과 독창성, 그리고 가격 사이에서 균형을 찾기 위해 노력했던 데에 있다. 이케아는 자신들의 영향력을 인식하고 '사람과 지구' 캠페인을 통해 지속 가능성을 강조한다. 특히 영국을 중심으로 한 '리브 라곰Live Lagom' 캠페인은 사람들의 일상에서 작고 다양한 변화를 일으켰다. 작은 실천으로 더욱 지속 가능한 삶을 만들 수 있도록 독려한 것이다. 프리다 람스테드는 지속 가능성이 앞으로의 산업에서 필수적인 요소로 자리매김할 것이라고 말한다.

"지속 가능성과 건강은 향후 모든 산업의 핵심이 될 것입니다. 우리는 유기농 식품을 잘 챙겨 먹지만, 살충제를 잔뜩 뿌려 재배한 면화로 만든 이불을 덮는 것에는 별 생각이 없어요. 석유 기반 제품을 사용하는 것에도 무심하지요. 화학물질을 평생 뿜어댈 침대를 아무 생각 없이 사용합니다. 금방 쓰고 버리는 싸구려 가구가 우리 환경에 얼마나 큰 영향을 미치는지는 말할 것도 없어요. 집 안에 가득한 물건에는 알 수 없는 재료들과 불필요한 화학 물질, 플라스틱이 잔뜩 들어 있습니다. 이런 점에서 볼 때, 지속 가능성을 중요하게 생각하는 스웨덴은 여러 면에서 선두주자가 될 것입니다."

02

/

저녁 있는 삶의
즐거움

LAGOM LIFE _____

적당히 일하고,
적당히 휴식하기

> 과거를 돌아보지 마라. 오지 않은 미래를 꿈꾸지도 마라.
> 시간을 되돌릴 수도, 몽상을 실현할 수도 없다.
> 현재에 집중하라. 짊어진 의무와 받게 될 보상이 당신의 운명이니까.
> _다그 함마르셸드

엄청난 부자가 아닌 한 좋아하는 일만 하며 유유자적할 수 없다. 따라서 우리는 돈을 벌어야 한다. 먹고살기 위해, 눈과 비를 막아주는 집의 월세를 꼬박꼬박 내기 위해 돈을 벌어야 한다. 우리 대부분은 어찌 되었든 간에 일을 해야만 한다는 소리다.

일과 생활에 대해 고민할 때 보통 다음과 같은 질문을 던지게 된다.

"어떻게 하면 덜 일할 수 있을까?"

그런데 이건 어떨까?

"어떻게 하면 일을 더 잘할 수 있을까?"

일을 잘한다는 것은 보다 효율적으로 한다는 의미다. 더 생산적으로, 더 창조적으로, 더 협력적으로 일한다는 이야기다. 마찬가지로 일의 질이 높다는 것은 장시간 근무한다는 의미가 아니다. 반대로, 적게 일한다고 해서 결과물의 질이 떨어진다는 소리도 아니다. 사실 일을 제대로 잘한다면 같은 일을 더 짧은 시간에 마칠 수 있다. 조금 전 우리가 했던 첫 번째 질문 "어떻게 하면 덜 일할 수 있을까?"에 대한 답이기도 하다.

균형을 찾기 위해 우리는 좀 더 스마트하게 일하는 법을 배울 필요가 있다. 계획을 짜고, 우선순위를 정하고, 각자의 한계 또한 설정해야 한다.

여기서 잠깐! 일과 생활의 균형에 대해 고민하는 것 자체가 어떤 면에서는 행복한 행위라는 것을 기억하자. 중요한 이야기다. 우리에게 일이 있고, 다음 달 월급이 평소처럼 나올 거라는 사실을 의심하지 않아도 된다는 뜻이니까. 일과 생활의 적절한 균형을 위한 고민이야말로 감사할 만한 가치가 있다.

일과 생활의 균형 찾기

일과 생활 사이의 균형을 찾기 위한 노력은 개인적인 것이지만 스웨덴에서는 국가 차원의 문제로 인식한다.

OECD에 따르면, 스웨덴의 근로자는 2016년에 평균 1,600시간 정도를 근무했다. 숫자로 봐서 잘 와닿지 않는가? 비교해보자. 영국의 평균 근무시간은 1,700시간, 미국은 1,800시간이다. 스웨덴 근로자의 1%만이 장시간 근무를 하는데, OECD 국가 중 가장 낮은 수치다. 참고로

OECD 평균은 13%에 달한다. 이 덕분에 스웨덴에서는 건강 악화와 스트레스 등 장시간 근무가 일으키는 문제가 매우 적게 발생한다.

스웨덴 정부는 근무시간을 단축하는 것이 사회적으로 어떤 가치가 있는지를 이해하기 위해 최근 2년에 걸쳐 여러 실험을 했다. 한 예로 예테보리의 노인 요양시설에서 근무하는 간호사들의 임금을 동결하고 근무시간을 6시간으로 줄였다. 그 결과 간호사들의 컨디션이 좋아져 병가를 내는 횟수가 줄었고, 환자를 돌보는 수준도 개선됐다.

좋은 점만 있었던 것은 아니다. 줄어든 근무시간을 채울 또 다른 노동력이 필요해 상당한 경제적 비용이 소요됐다. 즉 단기적으로는 모든 사람의 근무시간을 단축할 수 없다는 의미다. 하지만 스웨덴 정부는 직장에서 보내는 시간이 줄어들 때 얻는 장점이 크다는 것에 더욱 주목했다. 정책 입안자들이 이 문제를 장기적으로 심사숙고할 가치가 있다는 결론을 내린 것이다.

스웨덴은 근로자를 위한 복지제도가 잘 마련돼 있다. 아이가 있는 직장인을 위한 유급 안식년 휴가를 비롯해 광범위한 유급휴가 제도가 갖춰져 있다. 모든 국민이 혜택을 받게끔 하는 정책이다. 자녀가 아플 경우를 예로 들어보자. 부모는 집에서 아이를 돌보며 스웨덴 정부에서 만든 스마트폰 애플리케이션에 접속한다. 그리고 자신이 받을 수 있는 혜택을 신청한다. 이 나라의 최소 유급휴가 일수는 25일이고, 대부분의 직장이 그보다 더 많은 휴가를 제공한다.

이것은 노동을 대하는 스웨덴의 인식과 태도, 그리고 이를 둘러싼 정책이 단단히 맞물린 덕분이다. 스웨덴 정부는 국민이 일과 생활 사이에서 균형을 찾을 수 있도록 라곰의 개념으로 접근한 정책을 내놓는다. 너무 많지도, 적지도 않은 딱 맞는 정책이다. 국민의 환영을 받을 수밖에 없다.

우리는 스웨덴에 살고 있지 않다. 단기간에 나라의 정책을 확 뜯어 바꿀 수 없는 노릇이다. 대신 라곰을 받아들여 새로운 방식으로 일해보자.

하루 두 번, 우리 피카할까요?

우리는 완전히 일에 파묻힌 채 끝낼 때까지 몰두하기가 얼마나 어려운지 잘 알고 있다. 일하다 말고 괜히 책상을 어지럽혔다가 다시 정리하기도 한다. 일을 하느니 이렇게 딴짓하는 게 낫다고 생각하는 것이다. 이제 이런 일은 그만두자. 우리에게 필요한 건 진짜 휴식이다. 생산성을 향상하는 데 휴식이 얼마나 중요한 역할을 하는지는 이미 수많은 연구 결과를 통해 입증됐다.

스웨덴 기업의 효율성과 생산성, 그리고 직원 복지에 대해 이야기할 때 빠지지 않는 것이 피카fika다. 이건 말하자면 스웨덴식 커피 타임인데, 이 나라의 일터라면 어디든 피카가 있다.

"우리 피카할까요?"라는 말은 '복잡한 일을 잠시 내려놓고 커피를 마시며 잠시 휴식시간을 갖자'는 뜻이다. 보통은 오전 중에, 그리고 이른 오후에 피카를 즐긴다. 이 시간은 컴퓨터에서 멀리 떨어져 커피 한잔 들고 편하게 앉

아 동료들과 이런저런 대화를 나눌 기회다. 스웨덴에서 피카는 무척 흔하고도 당연한 습관이다. 많은 회사에서 휴게실을 으레 피카룸fika room이라고 부른다. 가끔은 누군가 집에서 구운 달콤한 빵과 과자를 가져와 함께 나눠 먹기도 한다.

피카는 전통적으로 커피를 마시는 행위에 초점이 맞춰져 있다. 그러나 꼭 카페인을 충전한다는 뜻만은 아니다. 일에서 잠시 벗어나 사람들과 어울리고, 마감 시한 압박을 비롯한 온갖 업무 스트레스에서 눈을 돌려 바로 그 순간을 즐기는 것이다.

사람들로 가득한 직장이 아니어도 상관없다. 나만의 피카 타임을 가져보자. 컴퓨터를 뒤로하고 10분이나 15분쯤 커피나 차 한잔을 즐기자. 기분 전환이 되는 것은 물론 한결 세상이 아름다워 보일 것이다. 커피를 다 마시고서 일을 시작할 때 왠지 모든 것을 새로 시작하는 느낌이 든다.

진짜 일을
잘한다는 것

바쁘게 일하는 사람처럼 보이기 위해 온갖 필요 없는 일을 하기보다 딱 필요한 것에 초점 맞추기. 이게 일을 잘하기 위한 핵심이다. 스웨덴 사람들의 일 집중력은 정평이 나 있다. 먼저 일의 우선순위를 정하고, 실제로 필요한 것이 무엇인지 분석한다. 스마트하게 일하기 위한 필수적인 과정이다.

미국에서는 장시간 근무를 높이 평가하는 경향이 있다. 나도 미국인이라 그런 시선에 익숙하다. 회사에서는 일주일 내내 사무실에 틀어박혀 일만 하는 사람을 중요한 인물이라고 생각하는 것이다. 이런 미국인들에게 오늘 할 만큼의 일을 다 했다고 말하면, 그들은 아마 눈썹을 치켜세우며 '너무 야망이 없는 거 아냐?'라고 핀잔을 줄 것이다.

하지만 스웨덴은 다르다. 일과 생활의 균형을 추구하는 이 나라에서는 장시간 근무야말로 일을 비효율적으로 한다는 의미가 될 수 있다. 일을 제대로 하지 못하니 사무실에 오래 붙잡혀 있는 것으로 여긴다.

업무를 잘하기 위해서는 얼마만큼 근무하는 게 좋을까? 즉, 라곰한 업무 시간이란 대체 어느 정도일까? 이건 측정할 수 없는 문제다. 당연하다. 하지만 일의 양 대신 질에 초점을 맞춘다면 적당한 균형을 찾을 수 있다. 정신없이 얽혀 있는 일의 우선순위를 정하고 효율적으로 집중해서 일하자는 의미이기도 하다. 이메일을 읽느라, 동료와 수다를 떠느라 아침 시간을 흘려보내는 대신 집중해서 일을 끝내버리는 데 쓰자는 말이다.

일의 양보다 질을 추구하기 위해 다음과 같은 시도를 해볼 수 있다.

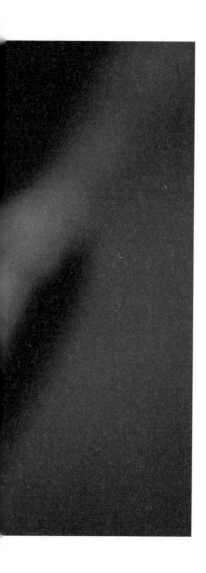

멀티태스킹 줄이기

한 번에 너무 많은 작업을 해치우려고 들면 균형을 잃게 된다. 그뿐 아니라 생산성도 떨어진다. 전화하면서 이메일을 보내고, 프로젝트 사이를 왔다 갔다 하고, 보고서를 마무리하면서 다음 보고서를 위해 자료 조사까지 하면 왠지 많은 일을 해냈다는 생각에 뿌듯해진다. 그러나 사실은 완전한 착각이다. 실제로는 생산성을 현저하게 감소시키는 행위다.

한 가지 작업 또는 프로젝트에 집중할 수 있는 시간을 만들어야 한다. 쉽지 않은 일이다. 특히나 멀티태스킹에 이미 익숙해진 사람들이라면 더욱 그럴 것이다. 일단 작은 것에서부터 시작하자. 핸드폰 벨 소리를 무음으로 바꾸고, 인터넷 창을 닫고, 이메일 알람도 잠시 꺼두자. 딱한 시간 동안 한 가지 일만 하는 것이다. 사무실 방문을 닫아버리고, 전화도 걸지 말자. 처음에는 몹시 근질근질하겠지만 차차 익숙해질 것이다. 그러면 집중하는 시간을 점점 늘려갈 수 있다.

생각하기 vs. 행동하기

'정보 과다로 인한 분석 불능 상태analysis paralysis'라는 표현이 있다. 결정 장애를 설명할 때 종종 쓰이는 말인데, 업무를 수행할 때도 적용된다.

중요한 프로젝트를 앞둔 경우를 예로 들어보자. 어떻게 하면 보다 잘 진행할 수 있을까 고민하는 것은 당연하다. 그런데 너무 과하게 고민하면 어떻게 될까. 그 생각에 사로잡혀 일 자체를 완전히 회피하고만 싶어진다. 출구에 도달하기도 전에 지쳐버리게 되는 것이다.

꽉 막힌 곳에 갇혀버린 느낌이 든다면 고민을 줄이고 일단 행동하라. 고민하는 시간, 계획하는 시간, 그리고 일하는 시간의 양에 라곰을 적용하라는 뜻이다.

우선순위 정하기

일의 양에서 균형을 찾으려면 주어진 시간 속에서 일을 잘 배분해야 한다. 그러려면 계획을 세워야 한다. 우리는 모두 능동적으로 일하고 싶어 한다. 수동적으로 끌려가듯 일하고 싶은 사람은 없을 것이다. 계획을 세워 일의 우선순위를 정하자. 그렇지 않으면 일에 깔려 죽을 것만 같은 느낌이 들 수 있다. 정해진 시간 안에 일을 다 해치우지 못할 것 같은 생각도 자꾸 든다.

물론 그전까지 해오던 습관에서 벗어나 계획을 세우고 우선순위를 정하려면 시간이 꽤 걸릴 수 있다. 평소보다 오히려 일을 더 해야 할 수도 있다. 하지만 이렇게 사용하는 시간은 그다음 일을 더 수월하게 만들어준다. 일단 일을 잘 배분해 균형을 찾고 나면 모든 것이 한결 쉬워진다.

당신과 내가
함께하는 일의 가치

스웨덴은 개인의 성공보다 사회 전체의 이익을 중요하게 생각하는 나라다. 사회적인 면뿐 아니라 비즈니스적인 면에서도 마찬가지다. 찰스 햄든-터너와 폰스 트롬페나스는 저서 《7대 자본주의 문화》를 통해 함께 일하는 방법을 설명한다. 그들은 일터에서 라곰을 받아들이는 것이 다양한 의견 사이에서 최적의 위치를 발견하는 것과 같다고 말한다. 한마디로 말해 합의한다는 이야기다. 스웨덴보다 더 개인주의적인 문화권에서 온 사람이라면 이 나라의 근무 환경에서 어려움을 겪을 수도 있다. 모든 이들의 의견을 수렴해야 하므로 무엇 하나 결정하는 데 오랜 시간이 걸리기 때문이다. 도무지 합의점을 찾을 수 없는 사회라고 생각할 수 있다.

함께 일하기, 즉 협업이 일상화되기 위해서는 신뢰와 이해가 바탕이 돼야 한다. 질책받거나 해고당할 걱정 없이 구성원 누구나 어렵고 민감한 문제에 대한 말을 꺼낼 수 있는 안전한 공간이 돼야 한다. 의견을 서슴없이 이야기하라고 서로 독려해야 한다.

모든 면에서 의견을 나누고 가장 좋은 결과를 뽑아낼 수 있다면 팀 전체가 함께 발전할 수 있다. 협업의 장점이다. 개인 한 명이 책임을 몽땅 짊어지지 않아도 된다. 스트레스를 줄이는 데도 도움이 된다. 공동의 업무량을 파악해 동료 모두와 균등하게 나누어 진행할 수 있다.

또한 협업은 혼자 고민할 때보다 더 괜찮은 아이디어를 생각해내는 데도 도움이 된다. 함께 생각하면 창의력의 불꽃이 반짝인다. 다른 사람과 의견을 나누는 과정은 그전과 다른 관점에서 문제를 생각하게 한다. 사고방식을 새롭게 바꿀 기회다. 색다른 아이디어와 다채로운 접근법을 배우는 기회도 된다.

일을 개인주의적 관점에서 바라보면 각자의 성공에만 전념하게 된다. 쉽게 잘난 척하게 되고 이기적으로 행동하기 쉽다. 정떨어지는 인간이 돼버리는 것이다. 그러면 주변 사람의 성공이 달가울 리 없다. 반대로 우리가 함께 만족스러운 결과를 얻어낸다면 성공 지상주의에서 한결 자유로워진다.

지난 한 주를 되돌아보자. 나 혼자 70시간이나 미친 듯이 일해서 대단한 성공을 이루었다고? 그건 라곰이 아니다. 그 반대다. 협업 문화가 잘 갖춰진 직장에서는 프로젝트의 성공에 가장 크게 기여한 사람이 누구인지 별로 중요하지 않다. 함께 얻은 성과이기 때문이다. 자신이 얼마나 많은 일을 했는지 동료에게 핏대를 세우며 소리치는 대신, 함께한 작업을 존중하는 시간을 갖자. 결과물 스스로 빛을 발할 것이다.

딱 적당한 만큼 일하는 라곰식 비즈니스

라곰식 협업에 대한 비판도 존재한다. 성공에 대한 적절한 인센티브를 항상 주지는 않는다는 점, 그래서 더 많은 일을 하게끔 직원을 독려하지 못한다는 점이다. 라곰이 일상화된 사회에서는 가장 뛰어나다고 해서 가장 큰 보상을 받지는 않는다. 따라서 꽉 막힌 상자 같은 곳에서 벗어나 새로운 도전을 하려는 사람을 의기소침하게 만들 수도 있다. 라곰식 협업의 단점이다. 일하는 사람 입장에서는 정체된 느낌을 받을 수 있다. 사업가 마인드를 가진 사람이라면 더 힘들 수 있다. 고만고만한 상태를 뛰어넘어 잠재력을 최대한으로 발휘하고 싶어 하는 사람들이 스웨덴을 떠나 다른 나라에 정착한 이유이기도 하다.

하지만 이런 상황 역시 변화하고 있다. 라곰의 단점을 인식한 기업들이 점차 업무 환경에 변화를 주고 있기 때문이다. 스웨덴의 정책 입안자들과 기업들이 나서서 스웨덴을 일하기 좋은 환경으로 만드는 데 최선을 다하고 있

다. 그 결과 스웨덴의 예테보리와 스톡홀름 등은 이미 잠재력을 갖춘 예비 기업가들이 성장하기 좋은 도시로 손꼽힌다. 스타트업 회사에 적합한 공용 업무 설비를 비롯해 인프라를 두루 갖춘 덕이다. 스카이프와 스포티파이처럼 시장을 선도하는 기업들이 스톡홀름에 본사를 두고 있다는 점도 주목할 만하다.

스웨덴은 유럽의 기술 허브로 통한다. 오늘날 스웨덴의 젊은 세대는 다양한 해외여행과 해외 취업 경험을 갖추고 있다. 또한 완벽한 영어를 구사한다. 국내에 만족하지 않고 세계로 눈을 돌려 다양한 사업에 도전한다. 많은 스웨덴 기업이 글로벌화되었다. 덕분에 현재 세계 곳곳에서 스웨덴식 기업 문화에 주목한다. 딱 좋은, 딱 적당한 선에서 행복을 찾는 라곰식 비즈니스모델에 대한 연구가 활발하다.

나 자신에게
관대해지자

우리는 상사와 동료들에게 항상 평가를 당한다. 그런데 그보다 더 심각한 문제가 있다. 자신이 무엇을 추구하고 무엇을 성취해야 하는지 자기 스스로 끝없이 평가한다는 것이다. 세상은 우리에게 노력하면 모든 것을 손에 넣을 수 있다고 말한다. 그 결과 우리는 실현 불가능한 완벽함을 갖추기 위해 발버둥 친다. 이게 바로 현대사회가 우리에게 팔아먹은 비전이다.

삶에 라곰을 받아들이는 것은 완벽함을 쫓는 대신 적당한 선에서 한계를 인정하는 것이다. 잘 해낸 일에 만족하며 즐길 수 있도록 우리 자신에게 관대해지는 것이다. '충분히 잘했다'는 생각으로 균형을 찾는 것이다. 우리는 CEO의 자리에 오르지 못할 수 있고 억대 연봉을 받지 못할 수도 있다. 물론 그걸 성취할 수도 있다. 하지만 만약 그런 자리와 돈을 원한다면, 혹은 그 이상을 원한다면 어떤 대가를 치러야 할지 자문해봐야 한다.

모든 일은 대가를 치르게 돼 있다. 그러므로 타협이 필요하다. 크리에이티브한 프리랜서로 일한다는 것은 어쩌면 돈을 많이 벌지 못한다는 이야기일 수 있다. 하지만 자유롭다는 이점이 있다. 매일 출퇴근하는 보통의 회사원은 그다지 자유롭지는 못하다. 하지만 경제적으로 더 안정되기 마련이다. 어떤 선택을 하느냐는 궁극적으로 자기 자신에게 달려 있다.

가장 중요한 게 뭔지, 무엇이 꼭 필요한지, 그리고 어떤 것을 포기할 수 있는지에 초점을 맞춰야 한다. '충분하다'는 것은 최고의 상태를 의미하는 것이 아니다. 자신이 무엇을 잘하는지, 진정 원하는 것은 무엇인지 파악하고 그 안에서 얻을 수 있는 결과에 만족하도록 스스로 관대해진다는 의미다. 남들이 보기에 근사한 삶 같지 않더라도 말이다.

비교하지 않기

무엇이든 다 가질 수 있다는 말은 신화에 불과하다. 하지만 원하는 것을 적당히 가질 수는 있다. 과한 기대, 그리고 자신을 평가하는 일을 그만둔다면 말이다. 다른 이들과 자신을 비교하는 것을 멈춰야 한다. 아이 둘을 키우는 스웨덴 친구는 종종 이런 말을 한다. "다른 사람들은 그걸 어떻게 하는지, 그야 난 모르지"라고. 친구가 말하는 '그 것'이란 가족을 돌보며 커리어를 꾸려가고, 집안일을 하면서 개인 시간도 누리는 일이다. 남과 비교하지 않으니 궁금할 것도 없다는 뜻이다.

물론 스웨덴 역시 높은 연봉과 큰 집 같은, 성공에 대한

기대치가 있다. 그로 인해 번아웃되고 높은 스트레스를 얻기도 한다. 현대사회에서 스트레스가 무엇인지, 간신히 버티며 일하는 게 어떤 느낌인지 모르는 사람은 없을 것이다. 주위를 둘러보면 나만 빼고 다들 자기 관리를 완벽하게 하면서 잘 사는 것 같다. 그런데 실은 남들도 스트레스를 받는다. 결혼 생활이 잘 풀리지 않아서, 가족들과 사이가 좋지 않아서, 그리고 성공한 것처럼 보이고 싶어서 온갖 스트레스를 받는다. 사회적 기준에 부합하는 사람이 되려는 발버둥이다.

이런 기준이 우리의 일을 방해한다. 꿈을 크게 꾸고 야망을 품는 건 중요하지만 업무에 방해가 될 수 있다. 멋지고 독특한 일을 해야만 한다는 압박감이 우리의 손발을 묶는다. 새로운 도전을 위해 높은 목표를 세워야 하지만 때로는 그러한 포부가 앞길을 막을 수 있다. 야망은 잠시 제쳐두고, 지금도 충분하다며 자신을 다독이자. 그런 과정을 겪고 나면 정말 해야 할 일을 해낼 수 있다.

현대사회가 유발하는 스트레스는 뚜렷하지만 그에 대

한 해결책은 딱 집어 말할 수 없다. 다만 우리는 누구이며, 지금 어디에 있는지에 대한 성찰을 통해 더 큰 만족을 얻을 수 있다. 미래를 꿈꾸는 대신 현재에 집중하는 것이다. 매일의 삶에 더 큰 균형과 행복을 가져다주는 길이다.

기술의 발전은 스트레스를 더 악화시켰다. 엄청난 시간을 잡아먹는 SNS를 잠시 멀리하거나 아예 그만두는 것은 어떨까. 끊임없이 남과 비교하는 데 시간을 쓰는 대신 우리 내부의 문제에 집중할 수 있을 것이다. 물론 쉬운 일은 아니다. 그러나 다람쥐 쳇바퀴 같은 일상에서 뛰어내리려면 강단과 노력이 필요하다. 사회가 정의하는 목표가 아니라 스스로가 정한 진정한 목표를 찾아내자. 그러면 우리는 삶을 더 잘 이끌어갈 수 있다. 지금, 현재가 충분히 만족스럽다는 것을 잊지 말자.

아무것도 하지 않는 시간에
익숙해지기

스웨덴식 라이프스타일에서 이야기하는 성공적인 삶이란 무엇일까? 적어도 스케줄 표에 온통 초과근무 일정이 들어찬 상태를 말하지는 않는다. 일할 때는 기분 좋게 해치우고, 휴식하는 시간 역시 균형 있게 누리는 것이 이상적인 삶이다. 스웨덴 사람들에게는 매우 쉬운 일이다. 유급휴가가 넉넉하게 주어지니까.

하지만 쓸 수 있는 유급휴가가 있더라도 일과 생활 사이의 균형을 찾지 못한다면 아까운 휴가를 대충 흘려보내게 된다. 때로는 휴가 자체를 전혀 쓰지 못한 채 일만 하기도 한다. 일이 최우선이라며 꼭 필요하고 도움이 되는 휴식을 취할 엄두조차 내지 못한다. 육체적으로나 정신적으로나 금세 고통스러워진다. 적당한 일과 적당한 휴가, 그 라곰을 찾아 균형을 잡는 연습이 필요하다.

이는 대부분의 사람들에게 쉽지 않은 일이다. 우리의 삶은 너무 바쁘다. 점점 더 바빠진다. '바쁨의 문화'라고 할 만하다. 일이든 회의든 무엇이든 하루 24시간을 꽉꽉 채워 쓴다. 친구를 만날 시간이 없다. 왜? 바쁘니까. 산책할 짬도 없다. 왜? 바쁘니까. 보던 책을 마저 읽을 여유 따위도 물론 없다. 왜? 우리는 너무 바쁘니까!

'요즘 어떻게 지냈어요?'라는 안부 인사에 자동으로 '어휴, 너무 바빠요'라고 대답한다. 이 바쁘다는 소리는 현대사회에서 우리가 어떤 사람인지 사회적으로 정의해주는 역할을 한다. 일정이 빽빽한 인물이라면 분명 직장에서 중요한 사람일 거라고 여긴다. 그가 의미 있고 목적 있는 인생을 사는 사람이라고 가정하는 것이다.

그런데 사실은 우리 모두가 두려워하는 근원적인 질문

을 덮어버리기 위해 바쁘다는 표현을 쓰는 것은 아닐까. '만약 바쁘지 않다면? 내가 존재하는 진짜 의미는 무엇이지?'라는 질문 말이다.

우리는 바쁜 상태를 계속 유지하기 위해 더 바삐 움직인다. 한 걸음 물러나 대체 무엇 때문에 바쁜지 자신을 돌아보면 좋겠지만, 그럴 짬도 없을 만큼 정신없다. 물론 마감 일정이 꽉 차서 정말로 바쁠 수 있다. 하지만 보통은 무엇이 되었든 손에 잡히는 대로 꾸역꾸역 일하다 보니 바쁜 경우가 대부분이다. 휴식 시간을 있는 그대로 받아들이지 못하고 말이다.

휴식이 필요한 순간

스웨덴 사람들은 일할 때만큼이나 쉴 때도 집중력을 발휘한다. 배울 만한 점이다. 바쁜 도시를 떠나 시골 오두막에서 유유자적하게 몇 주간의 여름휴가를 보내고는 한다.

바로 그 순간에 집중하는 것이다. 휴가 내내 충분히 치유하고 기운을 되찾는다. 한껏 즐기고 복귀하면 다시 일과 씨름하며 일상을 살아내기 위한 에너지가 샘솟는다.

그렇다고 해서 우리 모두 시골로 달려가야 한다는 말이 아니다. 스케줄이 완전히 꽉 차 있을 때에는 자신을 돌아볼 시간이나 휴식할 시간을 내기 어렵다. 그러므로 일단은 아무것도 하지 않는 시간에 익숙해지고 휴식을 편안하게 받아들이는 것이 우리의 목표다.

사실 휴식을 '아무것도 하지 않는 것'이라 말하는 것은 잘못된 표현이다. 바쁜 일을 멈추고 여유를 즐기며 현재를 만끽하는 것은 우리의 건강과 웰빙을 위한 꽤 중요한 '일'인 까닭이다. 우리에게는 느긋한 시간이 필요하다. 커피 한잔을 즐길 수 있는, 잠시라도 책을 읽을 수 있는 사치스러운 시간 말이다.

종종 사람들은 이 느긋하고 느릿한 순간을 지루하다고 치부하기도 한다. 아무것도 하지 않는다면, 즉 바쁘지 않다면 대체 무엇을 성취할 수 있겠냐는 것이다. 하지만 이

느리고 편안한 순간은 모두에게 매우 중요하다. 건강과 창조성에 필수적이다. 우리의 두뇌가 잠시 멍하게 몽상하도록 시간을 주자.

이런 식의 휴식이 휴가를 길게 쓸 수 있는 사람들에게만 가능한 것은 아니다. 우리는 언제든지 휴식할 시간을 만들 수 있다. 한나절 소풍을 다녀오거나, 당일치기로 여행을 해보자. 주말을 이용해 다른 도시로 훌쩍 떠날 수도 있다. 완전히 아무것도 하지 않은 채 집에서 뒹굴뒹굴할 수도 있다. 머릿속으로 온갖 공상을 실컷 하면서 말이다. 어떤 휴식이 당신의 스타일에 잘 맞는지 찾아보자.

앞서 우리는 어떻게 하면 일을 더 잘하면서 일과 삶 사이의 균형을 찾을지 고민했다. 이제 어떻게 해야 더 잘 쉴 수 있을지도 진지하게 고민해볼 차례다. 아무것도 하지 않은 채 그저 숨만 쉬는 휴가와, 왁자지껄 정신없는 휴가를 모두 경험해보자. 그리고 두 상황 사이에서 자신에게 잘 맞는 적당한 지점, 즉 라곰을 찾자.

제대로 쉬기 위해서는 문자 그대로 플러그를 뽑아버릴

필요가 있다. 현대인은 항상 어딘가에 연결되어 있다. 온갖 디지털 기기들 때문이다. 이메일에 답장을 보내고, 친구와 메시지를 주고받고, 그사이 새로운 뉴스가 올라왔는지 확인한다. 페이스북을 잠깐 들여다보려던 것인데 정신을 차려보면 30분이 휙 지나가버린다. 퇴근하고 돌아와 드라마 딱 한 편만 보려고 했는데 다음 편을 계속 보느라 몇 시간이 한순간에 날아간다. 이렇게 놓쳐버린 시간에 우리는 무엇을 할 수 있었을까?

일과 생활의 균형을 찾으려면 우리에게 꼭 필요한 것이 무엇인지 파악하고 우선순위를 정해야 한다고 말했다. '시간이 없어'라는 말의 진짜 의미는 '시간은 있지만 그것을 할 시간을 낼 수 없어'다. 하루에 쓸 수 있는 시간은 한정적이다. 소중한 시간을 어떻게 사용할지는 전적으로 우리에게 달렸다. 누구도 시간을 더 가질 수 없다는 사실을 체득해야 한다. 행복한 삶, 균형 잡힌 삶은 우리 손안에 있다.

03
/
식탁 위에 머무는
여유

LAGOM LIFE _____

먹을 것과 마실 것에
투영된 가치

    스웨덴어에서 라곰은 특히나 음식과 관련해서 자주 쓰인다. 어쩌면 가장 많이 쓰일지도 모르겠다. 접시에 얼마나 담을지, 한 끼 분량은 어느 정도가 적절한지 등을 표현할 때 말이다. 소금을 얼마나 넣을까? 라곰하게 넣으면 되지, 뭐. 이런 식이다. 스웨덴 주방 전반에서 쓰이는 일종의 지침이랄까. 심지어 스웨덴에는 렛 & 라곰이라는 버터 대용품 브랜드도 있다. '가볍게 & 라곰하게'라는 뜻이다. 우유에 유채 씨 기름을 섞어 일반 버터보다 지방 함량을 낮춘 제품이다.

과거에도 스웨덴 사람들의 식단에는 라곰이 깊게 배어 있었다. 이 나라의 역사는 곧 농민의 역사다. 농민들은 그 때그때 손에 넣을 수 있는 몇 안 되는 재료로 음식을 만들었다. 프랑스처럼 여러 코스로 이루어진 식사 대신 끼니 때마다 한 그릇 음식을 먹었다. 덕분에 소박한 식문화가 발전했다.

옛 스웨덴 사람들은 추운 북유럽 땅의 특성을 고스란히 반영한 심플하고 수수한 식재료를 주로 사용했다. 길고 지루한 겨울에 먹을 것이라고는 뿌리채소가 전부였다. 그런데 이런 특징 덕분에 지난 몇 년 사이 스웨덴을 비롯한 스칸디나비아의 식문화가 크게 주목받고 있다. 건강한 식단에 대한 세계인의 관심이 제철 음식과 신토불이 개념에 쏠린 것이다.

스웨덴 사람들의 식단은 대부분 통곡물과 무첨가 식품으로 구성됐다. 그렇다고 해서 스웨덴 음식이 오로지 이 땅에서 나고 자란 재료만 사용한다는 이야기는 아니다. 오히려 그 반대다. 가혹한 기후 탓에 이곳 주민들은 일찍

이 바깥세상으로 눈을 돌렸다. 외국과의 무역이 발전한 것은 단순한 사업 문제가 아니었다. 어떻게든 먹고살기 위한 생존의 문제였다. 덕분에 스웨덴의 제과 제빵엔 카다멈과 시나몬 같은 이국적인 재료가 필수적인 재료로 자리 잡았다.

오늘날에는 전 세계 다양한 문화권에서 온 이민자들이 스웨덴 땅에서 함께 살아간다. 따라서 음식의 레퍼토리도 늘어났다. 현대 스웨덴 요리에는 이 나라의 오랜 전통과 이민자들의 새로운 식문화에서 가져온 장점이 섞여 있다. 내부와 외부의 영향력이 적당히, 라곰하게 합쳐진 셈이다.

또한 스웨덴 음식에는 허세나 거품이 없다. 사치스럽지도 않다. 크리스마스 같은 명절이라든가 축하할 일이 생기면 평소보다 근사한 음식을 먹지만, 그마저도 온갖 재료가 줄줄이 들어가지 않는다. 스웨덴 사람들은 대신 좋은 품질의 신선한 재료를 준비하는 데 중점을 둔다.

이 나라 음식에 관해 이야기하다 보면 균형 잡혔다는 표현이 자연스레 머릿속에 떠오른다. 세계 곳곳을 강타한 건강식품 유행과도 딱 들어맞는 식단이다. 하지만 스웨덴 사람들은 유행을 따르는 것이 아니다. 그저 오래전부터 직접 농사를 지어 수확한 통곡물과 채소를 먹어왔을 뿐이다. 말하자면 국민 식단이라고 할까.

　스웨덴은 오랫동안 무척 가난했다. 살기 위해 뭐든 먹었고, 낭비 따위 할 겨를이 없었다. 그런데 오늘날에는 확실히 많은 것이 변했다. 다른 나라들처럼 스웨덴에도 패스트푸드점이 점점 늘고 있다. 슈퍼마켓에도 인스턴트 요리가 가득하다. 그럼에도 스웨덴 사람들은 여전히 좋은 먹거리와 마실 거리에 감사하는 마음을 가지고 살아간다.

스웨덴의 커피 타임,
피카

스웨덴 사람들은 신선하고 심플한 재료만 고집하고, 먹는 재미는 도통 모를 거라고 생각하기 쉽다. 하지만 그것이야말로 오산이다. 모두 커피를 즐기는 오후 시간, 스웨덴의 카페에 가보면 무슨 말인지 알 수 있다. 버터가 듬뿍 들어간 페이스트리며 달콤한 빵, 과자가 가득하기 때문이다. 오븐에서 갓 나와 따끈따끈한 시나몬 롤, 끈적끈적하고 진한 초콜릿 케이크도 커피 타임에 필수다.

스웨덴 사람들은 때로 몇 시간이나 둘러앉아 커피와 단것을 즐긴다. 금요일 저녁 식사는 으레 밤늦게까지 이어진다. 게다가 이 나라는 누가 뭐래도 술고래들의 나라다. 아쾨비트aquavit 같은 독한 술이 사랑받는 곳이다.

스웨덴 문화에 대한 책을 쓰면서 피카 이야기를 빼놓을 수 있을까? 일과 라곰에 대해 이야기하면서 이미 언급했듯 피카는 스웨덴의 커피 타임을 뜻하는 단어다. 명사로도 동사로도 쓸 수 있다. 하루 중 언제가 되었든 간에 커피 한잔하며, 때로는 간단한 간식도 곁들이며 잠시 쉬는 시간을 의미한다. 물론 커피가 아니어도 괜찮다. 차를 마셔도 좋다. 무엇을 마시느냐가 중요한 게 아니라 휴식이 우선이니까.

스웨덴 사람들은 피카를 즐길 때면 으레 빵이나 과자를 곁들인다. 직장에서 잠깐 짬을 내 피카를 즐길 때도 누군가 집에서 구운 달콤한 과자를 가져와 함께 나눠 먹곤 한다. 음식을 나누는 것만큼 좋은 사교 활동은 없다. 그래서 혼자가 아닌 친구나 동료와 함께 보내는 피카는 그동안 어떻게 지냈는지 서로의 안부를 묻는 좋은 기회가 되기도 한다.

피카야말로 라곰이 가장 잘 스며든 문화다. 평소에는 통곡물과 채소를 주로 사용한 심플한 음식을 먹다가도, 친구나 동료와 함께 피카 시간을 보낼 때는 버터를 듬뿍 바른 빵과 혀가 녹을 듯이 달콤한 초콜릿을 마음껏 먹는다.

무엇보다 중요한 핵심은 피카가 일상에서 벗어나 잠시 숨을 돌리는 시간이라는 것이다. 바쁜 중에도 짬을 내어 커피 한잔하는 여유를 즐기는 것. 작가이자 셰프인 시니 요한슨은 저서 《하우 투 휘게》를 통해 이런 특징을 '건강한 쾌락주의'라고 표현한다. 적당히 즐기는 것은 건강한 라이프스타일의 필수 요소라는 것이다. 입에 착 붙는 맛좋은 음식도 라곰하게, 술도 라곰하게 즐기자.

한껏 즐겨야 할
순간

　스웨덴 식문화 전반에는 라곰이 배어 있지만 그렇다고 해서 절제만 하는 것은 아니다. 라곰을 잠시 내려놓을 때도 있다. 라곰하게 라곰한다고나 할까? 스웨덴 사람들도 일 년에 몇 차례씩 음식과 술이 넘쳐나는 시간을 즐긴다. 크리스마스와 하지 축제가 좋은 예다. 이 시기에는 적당하게 먹고 마시는 평소 습관 따위 잊고, 테이블 가득 다양한 음식을 차려놓고 실컷 즐긴다.

　스웨덴에서는 크리스마스 정찬을 율보르드julbord라고 한다. 보통 뷔페식인데 미트볼과 청어 절임, 샐러드를 비롯

한 다양한 음식을 펼쳐놓는다. 그뿐만 아니라 12월 한 달 내내 달콤한 음식을 즐긴다. 스웨덴식 생강 쿠키인 페파카코르pepparkakor와 달콤한 사프란 빵 루스카테르lussekatter, 그리고 과일과 향신료를 넣어 달콤하게 데운 와인 글뢰그glögg를 빼놓을 수 없다.

한여름에는 하지 축제가 열린다. 미드솜마르midsommar라고 하는데 여름 제철 음식이 가득하다. 싱싱한 딸기를 듬뿍 얹은 케이크며, 감자와 딜을 곁들인 연어가 일품이다. 밤늦게까지 해가 지지 않는 덕에 아콰비트를 마시며 신나게 즐긴다.

스웨덴의
식료품 창고 속 비밀

매일 식단에 라곰을 적용하고 싶다면 스웨덴 사람들의 식료품 창고에서 아이디어를 찾는 것도 좋은 방법이다. 스웨덴 식문화의 기본은 첨가물이 들어 있지 않은 신선한 로컬 식재료다. 각자 거주하는 지역과 계절을 고려해 응용해보자.

통곡물

오늘날에는 정제한 흰 밀가루의 사용량이 꽤 늘었지만, 예나 지금이나 스웨덴 사람들은 통곡물을 주로 먹는다.

게다가 최근 들어 전통 방식으로 만든 빵과 로컬 푸드의 인기가 크게 높아지면서 수요가 더욱 늘어났다. 스웨덴 사람들은 특히 호밀을 좋아하는데, 빵이나 죽 형태로 많이 먹는다. 보리와 귀리도 흔히 먹는다.

유제품

스웨덴에는 '버터와 빵은 건강의 비결이다'란 속담이 있다. 샌드위치를 뜻하는 스웨덴어 스뫼르가스를 직역하면 '버터 거위'가 된다. 버터와 거위 기름으로 맛을 낸 음식이라는 데서 유래한다. 그 정도로 버터와 크림 같은 유제품을 자주 먹는다. 유제품은 메인 요리에서 디저트까지, 스웨덴을 대표하는 다양한 요리에 두루 쓰인다.

아침에는 요거트와 필미엘크를 자주 먹는다. 필미엘크는 걸쭉하고 새큼한 발효유로, 러시아 등에서 많이 먹는 케피어와 비슷하다. 납작하고 바삭한 전통 빵 크리스프브레드 한 조각에 버터를 바르고 치즈를 한 장 올려 반숙 달걀을 곁들이면 심플한 점심이 된다. 오늘날에는 다이어트

나 채식 등 여러 이유로 유제품을 먹지 않는 사람이 늘고 있다. 귀리 음료 같은 다양한 대안 식품이 활발하게 개발되는 이유다.

신선한 제철 식재료

요즘에는 일 년 내내 어디서든 신선한 농산물을 살 수 있다. 슈퍼마켓 덕분이다. 하지만 스웨덴 사람들은 여전히 각 계절에 생산되는 식재료로 음식을 만든다. 전통 음식 레시피 안에도 계절이 고스란히 담겨 있다. 겨울철 음식에는 감자와 파스닙, 당근과 비트 같은 뿌리채소가 듬뿍 들어간다. 먹거리가 풍요로운 여름이 오면 맛있는 베리류 열매와 싱싱한 허브, 다양한 채소를 넉넉히 사용한다.

생선과 고기

예나 지금이나 생선은 스웨덴의 식탁에서 중요한 역할을 한다. 과거에는 긴긴 겨우내 신선한 채소를 구하지 못해 줄곧 생선만 먹기도 했다. 가장 흔한 생선은 청어과 고

등어, 송어와 화이트피쉬(송어의 일종)처럼 근해에서 잡히는 것들이다. 오래 보관하기 위해 생선을 소금에 절이기도 했다. 스웨덴을 방문한다면 어렵지 않게 씰을 맛볼 수 있는데, 씰은 절인 청어를 뜻하는 스웨덴어다. 씰에는 으레 스냅스, 즉 아콰비트를 한잔 곁들인다. 메인 요리에는 돼지고기와 양고기, 쇠고기도 흔히 쓰인다. 유명한 스웨디쉬 미트볼의 주재료이기도 하다.

오늘날에는 채식 인구가 증가하는 추세다. 채식주의자가 아니더라도 고기를 덜 먹으려는 사람이 많아졌다. 이런 변화에 따라, 스웨덴 학교에서는 일반 식단과 더불어 채식 식단으로 이루어진 급식을 제공한다. 때로는 '고기 없는 날'을 정해 채식 메뉴만 선보이기도 한다.

환경 친화적 식품

스웨덴 사람들은 로컬 푸드와 유기농 식품에 무척 관심이 많다. 그래서 식재료가 어디에서 자랐는지 파악하는 것을 중요시한다. 약간의 모순도 존재한다. 슈퍼마켓의 유기농 코너에는 여러 나라에서 수입해온 제품들이 가득하기 때문이다. 하지만 일반적으로 사람과 환경 모두를 위해 윤리적인 방식으로 생산된 식재료를 선호한다.

팬케이크와 잼을 먹는 사람이라면 위험할 리 없어. 가서 말을 걸어봐요.
_토베 얀손〈즐거운 무민 가족〉

04

간소한 공간과
포근한 일상

LAGOM LIFE _____

그 도시를 보면
문화가 보인다

디자인과 건축은 본래 그 지역의 사회 문화적 영향을 고스란히 받기 마련이다. 어떤 재료를 사용했고 세부 디자인이 무엇을 의미하는지 들여다보면 그 도시를 알 수 있다. 현대 스웨덴 디자인은 20세기 초에 시작된 모더니즘 운동에 기반을 둔다. 좋은 디자인은 삶의 질을 향상시킨다는 믿음을 통해 형태와 기능에 초점을 둔 디자인이 탄생했다. 오늘날 스웨덴 디자인의 주춧돌이 되는 신념이다.

스웨덴의 디자인은 기능에 충실하다. 또한 사회의 중심축 같은 역할을 하며 물리적, 문화적 정체성을 반영한다. 스웨덴의 디자인은 스타일 면에서나 사용하는 재료에서나 모두 주변 환경을 기반으로 한다. 너른 숲이 제공하는 풍부한 목재, 자연의 선물인 리넨과 울 같은 천연 섬유, 철강을 두루 사용한다.

또한 길고 어두운 겨울 탓에 건축과 인테리어에서 조명이 매우 중요한 역할을 한다. 이는 스웨덴의 유리 산업이 발전한 이유이기도 하다. 이처럼 스웨덴의 디자인은 이 나라를 고스란히 투영한다.

1919년에 출간된 그레고르 파울손의 저서 《보다 아름다운 일상용품》의 제목만 봐도 알 수 있다. 아름다운 디자인은 선택받은 소수만을 위한 것이 아니라 모든 사람을

위한 것이어야 한다는 믿음, 모더니즘 운동의 핵심이다. 1950~1960년대, 스칸디나비아 디자인이 국제적인 명성을 얻은 것은 이런 믿음 덕분이다. 이 시대를 대표하는 디자이너들과 그들의 상징이 되는 디자인은 오늘날에도 여전히 사랑받는다. 아르네 야콥센과 스티그 린드버그, 알바 알토, 폴 헤닝센, 요른 웃손, 에릭 군나르 아스푸룬드, 그리고 그레타 마그누손 그로스만 같은 이들이다.

화려함과 단순함의 조화

지난 수십 년간은 가히 스웨덴 디자인의 시대라고 할 만했다. 세계 곳곳의 인테리어 디자이너들이 시종일관 스웨덴 디자인을 이야기했으니 말이다.

사람들은 흔히 스웨덴 디자인이 무척 깔끔하고 미니멀할 뿐이라고 생각한다. 그런데 사실 이 나라의 디자인 스타일은 매우 다양하다. 스웨덴의 섬유와 가구 디자인을 선도한 요제프 프랑크를 떠올려보자. 그가 창조한 대담하고 복잡한 패턴은 오늘날까지도 많은 스웨덴 가정에서 여전히 아름다움을 발한다. 핀란드 디자인 그룹 마리메꼬와 스웨덴 디자인 그룹 10-그루펜의 강렬한 북유럽 패턴도 빼놓을 수 없다.

하지만 이 화려한 색감과 패턴 속에는 분명 스웨덴 특유의 감성이 담겨 있다. 절대 과장되거나 괴상한 느낌을 주지 않는다. 스웨덴의 디자인은 깔끔함과 심플함, 그리고 밝고 화사함 사이에서 균형을 유지한다.

"패턴을 활용해 공간 분위기를 침착하게 만들 수 있습니다."

요제프 프랑크의 말이다. 그의 작품은 복잡하고 컬러풀하며 강렬하지만, 그 안에 명상적인 요소가 존재한다. 다른 많은 스웨덴 텍스타일 디자이너의 작품 역시 마찬가지다. 스웨덴 특유의 차분하고 미니멀한 가구와 그들의 톡톡 튀는 패턴이 만나 균형을 이룬다.

식탁 위
찻잔에 담긴 미학

　　스웨덴 디자인의 핵심 가치 중 하나는 디자인이 선택받은 소수를 위한 것이 아니라는 점이다. 일상 속 어디에나 디자인이 있다. 이는 라곰의 사회적 가치와도 통하는 점이다. 인류학자 키스 머피는 저서 《민족학적 관점에서의 스웨덴 디자인》을 통해 이렇게 말했다.

　　"스웨덴의 디자인은 개인과 집단의 문제를 해결하고, 모두의 니즈를 만족시키며 개선하는 도구다. 소수를 위한 특별한 혜택이 아니다. 평등한 사회를 만들기 위한 출발점이다. 스웨덴에서 디자인이란 모두를 위한 것이며 어디에나 존재하는 것이다."

이 말은 문화적인 규범과 디자인의 상관관계를 자세히 관찰한 결과다. 다른 나라 사람들이 스웨덴 디자인에 매료되는 것은 이런 점 때문일 것이다. 근사한 집과 예술 작품은 부유한 사람이나 가질 수 있는 거라고, 좋은 취향은 그런 사람들에게나 허락되는 거라고 여기는 나라도 많다.

하지만 스웨덴은 다르다. 아주 단순한 물건에까지 아름다움이 배어 있다. 부엌 테이블 위에 신문과 찻잔이 툭 놓여 있을 뿐인데 뭔가 특별해 보인다. 일상적인 물건 속에 디자인과 심미적인 요소가 적절하게 담겨 있는 덕이다.

키스 머피는 스웨덴 가정에 대해 "생활 속의 가장 작고 사소한 부분에까지 디자인이 스며들었다. 가정은 이 나라의 디자인을 이루는 가장 기본적인 장소다"라고 설명한다. 이 나라의 문화적 초점은 이렇듯 가정에 맞춰져 있다.

19세기 후반과 20세기 초반에 걸친 국민낭만주의 이야기를 빼놓을 수 없다. 이 시대를 대표하는 인물로는 화가이자 작가인 칼 라르손을 들 수 있다. 그는 그림엽서에서부터 샌드위치 쟁반에 이르기까지, 오늘날 스웨덴 문화 전반에 영향을 준 상징적 작품을 남긴 사람이다. 칼 라르손은 집이라는 공간에 주목하고 일상을 더욱 아름답게 가꾸는 데 주력했다. 상대적으로 덜 알려졌지만, 아내 카린 라르손 역시 스웨덴 사회에 폭넓은 영향을 미친 예술가다. 라르손 부부의 회화 작품에는 오늘날 스웨덴 가정에서 여전히 흔하게 볼 수 있는 기본적인 요소가 가득하다. 주방의 벤치, 녹색 식물을 심은 화분, 천 조각을 엮어 만든 러그rag rug, 은은한 청색과 회색 톤의 실내 같은 것들 말이다.

일상의 아름다움이 가진 힘

페미니스트이자 사회 평론가인 엘렌 케이는 가정의 중요성에 보다 직접적으로 접근했다. 엘렌 케이는 윌리엄 모리스와 미술 공예 운동에서 영감을 얻어 1889년 《모두

를 위한 아름다움》이라는 에세이집을 발간했다. 그는 책에서 아름다움이 가진 힘에 관해 밝힌다. 특히, 소수의 선택받은 사람뿐 아니라 모든 이에게 아름다움의 혜택을 줘야 한다고 주장한다. 한 점의 예술 작품과 더불어 대량생산된 제품에도 좋은 디자인이 필요하다는 이야기다. 그는 식탁이란 식사를 하기 위한 물건인 것처럼, 각 사물은 그 목적을 편리하게 수행하면서 동시에 아름다워야 한다고 말한다. 기능만 좋아서도, 그 반대여서도 안 된다. 균형이 필요하다.

이처럼 오늘날의 스웨덴 가정은 이 나라의 사회 문화적 가치가 구현된 균형 잡힌 장소다. 그곳에는 일상 속의 아름다움이 가득하다. 라곰이 무엇인지 눈으로 보고 느낄 수 있다. 디자인과 기능 사이의 균형이 스웨덴의 인테리어 디자인을 특별하게 만든다. 스웨덴 디자인에 시간을 초월한 클래식한 힘이 있는 것도 이 균형감 덕분이다. 라곰을 반영한 스타일이다. 프리다 람스테드는 말한다.

"디자이너나 소비자나 너무 튀는 걸 원하지 않습니다.

하지만 그렇다고 해서 남들과 비슷비슷해지고 싶어 하지도 않지요. 그 결과 온건하고 수명이 긴, 완벽한 디자인이 탄생했습니다. 적당한 공간을 차지하고, 적당히 트렌디하고, 적당히 눈에 띄는 디자인입니다."

여행도 좋지만, 역시 집이 최고.

Borta bra men hemma bäst.

_스웨덴 속담

'공간'을
사랑한다는 것

사람들은 보금자리를 열망한다. 둥지같이 안락한 공간을 원한다. 태초부터 인간은 외부 세계로부터 자신을 보호할 수 있는 안전한 장소를 꿈꾸며 피난처로 쓸 곳을 지어왔다. 오늘날의 가정이 바로 우리의 신체적, 감정적 피난처다.

사랑하는 공간을 만든다는 것은 단순히 집이라는 건물을 짓는다는 게 아니다. 가정을 꾸린다는 의미다. 익숙하고 편안하며 포근한 공간에서 휴식할 때, 우리는 삶의 균형을 찾고 현재에 만족하게 된다. 생활에 꼭 필요한 것들

과 각자의 개성을 균형 있게 갖춰놓은 공간에서는 지금보다 더 나은 무언가를 끊임없이 찾아 헤매게 되는 일이 줄어든다.

앞서 라곰을 '너무 많지도 너무 적지도 않고, 딱 적당하다'라고 정의했다. 이 때문에 라곰하게 디자인한 집은 곧 미니멀한 집이라고 생각하기 쉽다. 최근 북유럽식 미니멀리즘의 인기가 그 어느 때보다 높아졌다. 서점에 가서 아무 디자인 잡지나 집어 펼쳐보자. 혹은 인테리어와 관련된 어떤 블로그라도 접속해보자. 온통 미니멀리즘 디자인으로 가득할 것이다.

하지만 우리 가정에 라곰을 받아들인다는 것은 어떤 특정한 스타일로 인테리어를 한다는 뜻이 아니다. 라곰한 집 꾸미기를 위해 꼭 장만해야 할 물건이 있는 것도 물론 아니다. 우리의 집이 어떤 공간이길 원하는지, 무엇이 우리에게 중요한지 파악하는 것이 먼저다. 그래야 균형을 잡을 수 있다.

아늑하고 포근한 집

집이 얼마나 넓으며 세간이 얼마나 거창한지 따위는 내 집이라는 포근함을 느끼는 것과 관계가 없다. 쓸모없는 것들로 가득한 화려하고 커다란 집보다 작고 소박한 공간이 오히려 더 내 집같이 느껴질 수 있다. 엘렌 케이는 저서를 통해 이렇게 말한다.

"의미 없는 값비싼 가구와 미술품을 잔뜩 욱여넣은 집을 보면, 많은 돈으로 아름다운 가정을 만들 수 있다는 생각이 얼마나 잘못되었는지 알 수 있다. 휑한 공간에 일단 무엇이든 채워 넣긴 했는데 아름답지 않다면, 집주인의 취향을 반영하지 못했기 때문이다."

덴마크어 휘게와 스웨덴어 미시그mysig는 모두 편안하고 아늑한 분위기를 의미하는 단어다. 스웨덴 디자인에서는 이러한 느낌을 매우 중시한다. 사랑이 넘치는 가정, 자녀를 양육하기에 좋은 가정을 이루는 중요한 요소다.

조명도 한몫한다. 스웨덴의 겨울은 길고 어둡다. 따라서

건축물을 지을 때 햇볕을 최대한 많이 받을 수 있도록 디자인한다. 부족한 일조량에 도움이 될 조명 설비도 필수다. 눈에 거슬리지 않는 빛이 완벽하게 퍼진 공간에는 편안함과 아름다움이 넘쳐흐른다. 겨울에는 그동안 수집해 놓은 다양한 양초로 어두운 방을 꾸민다. 그런데 스웨덴 사람들이 생각하는 라곰한 양초란 대체 어느 정도나 되냐고? 아마 여러분의 생각보다 좀 더 많을 것이다.

스웨덴 가정에서는 주로 텍스타일과 가구를 이용해 포근한 공간을 만든다. 가족과 친구들이 모여 앉을 수 있는 기분 좋은 공간이다. 예를 들어 거실이라면, 커피 테이블 주변에 의자와 소파를 배치해 서로 대화를 나눌 수 있도록 유도한다. 텔레비전 앞에 말없이 죽 앉아 있는 대신 말이다. 푸근하고 사랑스러운 공간을 디자인하기 위해서는 우리가 무엇을 좋아하고 무엇이 우리를 즐겁게 만드는지 염두에 둬야 한다.

집에 생명력을 불어넣는
몇 가지 규칙

좀 더 구체적으로 집 안 분위기를 더욱 균형 있게 만드는 방법을 소개한다. 모두 스웨덴 디자인에서 영감을 받은 것이다.

단순한 선과 형태에 주목

스웨덴 디자인은 주로 깔끔하고 미니멀하다는 평가를 받는다. 군더더기가 없기 때문이다. 아름답지만 장식이 과하지 않다. 허세가 없는 단순한 형태 속에 일상의 아름다움이 담겨 있다.

빛 활용

북유럽 국가답게 스웨덴의 겨울은 길고 어둡다. 밝고 화사한 인테리어를 선호하는 이유다. 스웨덴 사람들은 벽을 흰색이나 은은한 색으로 칠해 명도를 높이는 동시에 톡톡 튀는 포인트 컬러로 방 안에 활력을 더한다.

열린 공간

스웨덴 사람들은 집 안에 다양한 가구와 미술품, 텍스타일을 갖춰놓지만, 결코 어수선하거나 혼란스럽지 않다. 자연과 풍경을 사랑하는 취향이 반영된 덕에 신선한 공기를 들이마시는 듯 쾌적하다.

친밀함

중요한 것은 가정, 그리고 가족이다. 스웨덴 사람들은 집을 외부인들 보란 듯이 근사하게 꾸미지 않는다. 대신 얼마나 편리하고 푸근한 공간인지에 중점을 둔다. 그래서 스웨덴의 집은 포근하고 매력적이다. 누구든 팔 벌려 환

영하는 느낌이다. 그곳에 콕 박혀 뒹굴뒹굴하고 싶다.

자연을 담은 공간

스웨덴의 텍스타일과 패턴 중에는 식물 형태와 닮은 것
이 많다. 자연에 대한 사랑이 담긴 것이다. 사용하는 재료
역시 마찬가지다. 스웨덴의 가정에선 양모와 목재 같은
천연 소재가 주로 쓰인다. 플라스틱으로 가득한 이 세상
에 위안이 된다.

사실 플라스틱을 비롯한 인공 재료가 일상생활 속 제품
의 성격을 확 바꿔놓은 건 고작 한 세기 전 일이다. 그전
에는 거의 천연 재료를 사용했다. 천연 재료는 대부분 그
지역의 자연에서 얻는다. 소나무로 만든 테이블, 소파 아
래에 깔아둔 양털가죽, 자작나무 껍질을 엮어 만든 바구
니, 유리 꽃병에 담긴 싱싱한 꽃 같은 것. 우리가 사는 곳
에서 나고 자란 재료를 디자인에 적용한다면 사람과 장소
는 더 깊은 관계를 맺게 된다.

시대를 초월한 디자인

트렌디하다는 표현 속에는 위험이 숨어 있다. 지금 유행하는 디자인의 가구를 산다는 것은 결국 조만간 구닥다리가 될 물건을 사들인다는 뜻이니까. 큼직하고 비싼 가구일수록 유행과 상관없이 시대를 초월한 디자인을 고르자. 평생 간직하며 사용할 수 있는 것으로 말이다. 그리고 필요할 때마다 소파 쿠션이나 티 타월같이 작은 부분을 현대적으로 바꿔보자. 시대를 초월한 디자인과 트렌디한 스타일 사이에서 조화를 이루는 방법이다.

일상을
디자인하는 방법

스웨덴 가정의 모든 공간은 각각 독특한 분위기를 지닌다. 공간마다 제 역할을 톡톡히 해낸다. 아름답고 잘 디자인된 가구들을 갖췄지만, 보기에만 좋은 게 아니라 쓰임새가 있다. 균형이 잘 잡힌 것이다.

부엌: 커뮤니케이션의 장

부엌은 스웨덴 가정에서 가장 가족적인 공간이다. 다 함께 요리와 식사를 하며 시간을 보내는 곳이다. 부엌과 다이닝룸이 분리된 경우에도 부엌에 작은 테이블과 의자를 마련한다. 간식을 먹거나 간단히 아침 식사를 할 수 있도록 말이다. 일종의 커뮤니티 센터가 되는 셈이다. 부엌에 균형 감각을 가져다줄 방법 다섯 가지를 소개한다.

- 부엌이야말로 디자인과 기능이 진정으로 빛을 발하는 장소다. 한 번 쓰고 말 물건들을 잔뜩 쌓아두지 말자(이런 것들은 보통 '당신의 주방 일을 혁명적으로 바꿔드립니다'와 같은 광고 문구를 달고 있다). 손에 익은 유용한 물건들 위주로 놔두자.

- 스웨덴 가정에선 티 타월을 비롯한 텍스타일 제품을 많이 사용한다. 면이나 마 같은 천연섬유로 만든 것이 좋다. 은은한 컬러와 화려한 패턴을 적절히 섞어보자. 특히 식물 패턴은 주방에 완벽하게 어울린다.

- 도자기 항아리나 유리병에 나무 숟가락이나 거품기처럼 자주 쓰는 조리 기구를 담아 보관하자. 요리할 때 금방 찾아 쓰기 좋고 눈도 즐겁다.

- 나무로 만든 도마와 쟁반이 있다면 오픈 샌드위치를 담는 데 활용하자. 스웨덴에서는 오픈 샌드위치를 아침 식사나 이른 오후의 간식으로 자주 먹는다.

- 매일 사용하는 식기류는 기본적인 컬러와 패턴으로 된 것을 고르자. 특별한 날에는 여기에 독특한 디자인의 식기와 유리 제품을 더해 분위기를 낸다.

거실: 마음껏 게으름을 피우는 곳

스웨덴의 거실은 포근하다. 가족에게 편안함을 주기 위해 존재하는 장소다. 울 담요와 양털가죽처럼 아름다운 디자인과 편리한 기능성을 균형 있게 갖춘 생활용품이 가득하다. 집 안의 다른 공간과 마찬가지로 거실에서도 빛과 공간감이 매우 중요하다. 어수선하고 복작이는 느낌 대신 매력 있고 개성적인 느낌을 만들기 위해서다. 주말 오후나 저녁 식사 후, 잔뜩 게으름을 피우며 뒹굴거나 소파에 쏙 파묻혀 책을 읽고 싶어지는 공간. 스웨덴의 거실은 그런 곳이다. 거실을 균형 있게 만들어줄 다섯 가지 방법은 다음과 같다.

- 다양한 소재의 텍스처를 섞어보자. 천 조각을 엮어 만든 러그를 나무 마룻바닥에 깔아보는 것이다. 딱딱한 의자에 담요를 씌우는 것도 좋다. 거실 벽과 가구가 전체적으로 밝고 부드러운 컬러라면 금속 질감의 조명 기구처럼 대비되는 느낌의 소품으로 균형을 잡아보자.

- 거실 어느 곳을 중점으로 꾸밀지 생각해보자. 꼭 텔

레비전이 중심 역할을 할 필요는 없다. 책을 읽고 그림을 그리는 곳. 혹은 대화를 나누거나 그냥 멍하니 앉아 창밖을 바라보는 곳으로 꾸미는 건 어떨까. 온 가족이 여유를 즐기기 좋도록 공간을 배치해보자.

• 책의 역할도 중요하다. 마룻바닥이나 의자 위에 읽을거리를 대충 올려놓지 말자. 제대로 된 수납 시스템을 마련해 지금 읽고 있는 책이며 잡지 등을 꽂아두자.

• 거실이 넓다면 의자 사이에 개별 조명 기구를 설치하는 것도 고려해보자. 커다란 조명 하나만 두는 것보다 포근하고 아늑한 느낌을 준다.

• 차분한 톤으로 거실을 꾸몄다면 소파 쿠션 커버나 담요 등 텍스타일을 이용해 포인트를 줘보자. 이때 과감한 패턴과 컬러를 사용하는 게 핵심이다. 톡톡 튀는 색의 벽걸이 장식도 좋다.

침실: 완전한 휴식이 필요한 공간

수면 시간은 하루 24시간 중에서 꽤 큰 부분을 차지한다. 그만큼 침실에서 오랜 시간을 보낸다는 이야기다. 하지만 침실이 거대하고 거창할 필요는 없다. 차분한 공간, 쉴 수 있는 공간이어야 하는 게 먼저다. 침실에 안락함을 가져다줄 다섯 가지 방법은 다음과 같다.

- 복잡하게 생각하지 말자. 침실은 널찍하지 않아도 된다. 사실 자그마한 공간일수록 밤을 보내기에 딱 좋다. 아늑한 새 둥지 같은 느낌을 주는 까닭이다.

- 실내는 가능한 한 심플하게 디자인하자. 침실은 휴식과 원기 회복을 위한 장소다. 긴 하루를 보낸 후 뇌의 스위치를 끌 수 있는 공간으로 만들자.

- 작은 침대 테이블이나 선반 등 침대 옆에 간단한 공

간을 마련하자. 자기 전 읽을거리와 물 한잔을 놔두기 좋다. 물론, 괜찮은 조명 기구를 올려놓을 수도 있다.

- 침구를 고를 때는 다양한 소재와 패턴을 섞어보자. 심심한 면이나 리넨으로 짠 시트에 컬러풀한 담요를 올리면 분위기가 확 달라진다.

- 침실 공간이 널찍하면 자칫 휑해 보이기 쉽다. 바닥에 큼직한 러그를 깔아 따뜻한 느낌을 더하고 그 위에 침대를 올려놓자. 분위기가 살아난다.

05

/

단순함 속의
작은 화려함

LAGOM LIFE _____

필요한 것은 다 있고,
필요 없는 것은 다 없는 집

모든 공간은 전부 다르다. 디자인에는 정답이 없다. 라곰을 품은 집이라면 겉모습과 기능이 균형을 이뤄야 한다. 잘 디자인된 집이란 당신과 당신 가족에게 딱 맞는 공간이란 뜻이다. 쓸모 있는 공간, 사랑스러운 공간. 비쌀 필요도, 완벽할 필요도 없는 공간. 잡지에 나오는 근사한 공간일 필요도 물론 없다. 가장 작고 단순한 곳일지라도 살기 좋은 편안한 곳으로 만들 수 있다.

스웨덴 친구들의 집에 갈 때면 항상 라곰하다는 느낌을 받는다. 사용하지 않고 놀려두는 곳이나 의미 없는 방이 없는 까닭이다. 거실에는 보기만 해도 앉고 싶어지는 푹신한 소파가 놓여 있다. 그 집에 사는 사람들에게 딱 맞는 장소라는 게 느껴진다.

확실히 스웨덴 가정에는 우리가 흔히 스웨덴식 인테리어라고 부르는 요소들이 공통으로 존재한다. 마루를 깐 바닥, 하얀 타일로 장식한 부엌, 생기발랄하고 화사한 패턴의 텍스타일 같은 것들 말이다. 하지만 공통적인 동시에 집마다 독특하고 개성적이다. 이를 두고 엘렌 케이는 "거주하는 사람의 인생과 일상, 추억과 사랑은 공간 속에 영혼을 불어넣는다. 그런 것이 없는 공간은 그저 텅 비었을 뿐이다"라고 말한다.

가진 물건들을 활용하자. 낡은 의자에 커버를 씌워 산뜻하게 만들 수 있다. 쓰던 테이블 색이 너무 어둡다면 밝은 컬러의 러너를 깔아 화사하게 꾸밀 수도 있다. 칙칙한 방에는 초록 식물 화분을 들여놔 생기를 더하는 것도 좋다.

스웨덴풍으로 꾸미겠다며 이것저것 사놓지 말자. 우선 당신의 개성이 무엇인지 생각하기를 바란다. 특정 스타일로 집을 꾸미려다 보면 필요 이상으로 새로운 물건을 들이기 쉽다. 그러면 개성이 담긴 독특한 공간이 아니라 무미건조한 쇼룸이 돼버린다.

경험으로 채우는 공간

우리는 업무 일정을 빽빽이 채우듯 집에도 무언가를 채워 넣으려고 애쓴다. 대량 소비가 일상화된 세계에 살다 보니 정기적으로 새 물건을 사야 한다는 유혹에 빠지기 쉽다. 그래야 집을 제대로 꾸미는 것 같다. 하지만 이러한 겉치장은 우리의 지갑뿐 아니라 환경도 값비싼 대가를 치르게 만든다.

더 균형 있는 공간을 만드는 것이 밖에 나가서 온갖 세간을 새로 사들인다는 뜻은 아니다. 그 대신 공간을 잘 살펴보고 당신이 좋아하는 것이 무엇이며, 중요하게 생각하는 것은 무엇인지 파악하는 것이 먼저다. 이것 없이는 살 수 없다는 것도 있고, 없어도 딱히 상관없는 것도 있다.

우리가 평소 잘 사용하고 사랑하는 물건을 파악해보자. 그렇지 않을 경우 필요 없는 물건들이 쌓여간다. 진짜 못생긴 꽃병인데 할머니가 주신 거라 차마 버리지 못한 채 끌어안고 사는 식이다. 언젠가 쓸 일이 생기지 않을까 싶어 버리지 못하는 물건도 많다. 딱 한 번 쓰고 찬장 깊숙이 처박아둔 주방 용품 같은 것 말이다.

소유한 물건이 우리를 말해주는 것은 아니다. 물건보다 우리의 느낌과 경험이 중요하다. 일회용 종이 접시를 쓰더라도 좋은 친구들과 맛있는 음식을 나눠 먹으며 끝내주는 저녁 시간을 보낼 수 있다. 화려한 식기 세트를 갖췄더라도 함께 나눌 사람과 좋은 음식이 없다면 외롭고 부실한 저녁이 된다. 우리 자신과 물건을 분리해 생각하자. 경험과 관계의 중요성을 재확인할 수 있다.

삶에 활력을 더하는
예술과 공예

19~20세기 모더니스트 운동가들은 형태가 기능에 의해 결정된다는 원리를 따랐다. 그런데 스웨덴 공예가들은 이미 수 세기에 걸쳐 그 원리를 직접 실천해왔다. 스웨덴은 다른 국가에 비해 산업화가 늦은 편이지만 이미 오랫동안 목재와 텍스타일, 철강 제품 등을 제조해왔다. 산업화는 그 역사를 토대로 이루어졌다.

스웨덴 사람들은 장인 정신을 중요하게 여긴다. 무언가를 만드는 일이 문화 전반에 깊이 스며들어 있고, 그것이 얼마나 즐거운지도 잘 안다. 덕분에 전통 공예가 오늘날까지 자연스럽게 이어졌다.

예술과 공예는 스웨덴 문화의 매우 중요한 부분을 차지한다. 이 나라에서는 공예품이 얼마나 화려하고 근사한지보다 그 기능이 얼마나 훌륭한지 먼저 따진다. 사물을 눈으로 보며 감상하는 행위와 그것을 직접 사용하는 일, 그두 가지 면을 동시에 충족시키는 디자인이 우리의 삶을더 윤택하게 만들어준다는 생각에서다. 아름다움과 기능사이에서 균형을 잘 잡는 것이다. 이 균형감은 스웨덴 전통 공예 속에 깊이 배어 일상의 물건에 아름다움을 더한다. 러그든, 벙어리장갑이든, 스웨터든 무엇이든 말이다.

하지만 이 나라의 모든 예술가가 이런 식의, 소위 '좋은디자인'을 추구하는 건 아니다. 얼마 전 한 스웨덴 예술가가 미디어에 기고한 〈좋은 디자인이라는 이름의 구속〉이라는 글을 읽었다. 글쓴이는 자유롭고 와일드하게 활동하는 다른 여러 나라 예술가의 사례를 들어 스웨덴 사회가 예술가들의 창의력을 구속한다고 지적한다. 부분적으로 맞는 말이다. 그러나 스칸디나비아식 구속이란 사람의

손발을 묶는 극단적인 것이 아니다. 아름다움과 기능성의 균형을 찾으려는 노력이야말로 스웨덴의 예술과 공예를 발전시킨 원동력이고 생각한다.

스웨덴의 예술과 공예는 슬로 아트라고 할 수 있다. 전통 공예를 보존하고, 제대로 된 물건을 만드는 데 드는 시간과 가치를 인정한다는 면에서 그렇다. 실제로 지난 2013년, 스웨덴 국립 박물관은 〈슬로 아트〉라는 전시를 개최했다. 은과 텍스타일, 유리와 세라믹 등 하나같이 시간과 정성이 필요한 재료를 이용한 공예 작품 30여 점이 전시됐다. 이를 통해 현대화를 위해 반드시 과거의 전통과 교훈을 버려야 하는 것은 아니라는 점을 깨달았다.

스웨덴 사람들은 특히 텍스타일에 깊은 애정을 품고 있다. 손으로 직접 직물을 짜는 것은 아주 오래전부터 전해 내려온 전통이다. 스웨터와 벙어리장갑 같은 일상적인 물건의 디자인은 여러 세대에 걸쳐 서서히 형성되고 정착되었다. 나아가 지금은 이 나라를 대표하는 상징물이 되었다. 천 조각을 엮어 만든 러그도 마찬가지다. 쓸 수 있는 것이라면 무엇이든 버리지 않고 재활용하던 습관에서 유래한 공예품이다. 과거에는 어느 집이든 주부들이 러그를 직접 만들었다. 일종의 의무처럼 말이다.

이런 전통 공예는 요즘 젊은 세대를 통해 다시 주목받고 있다. 많은 작가들이 이 분야에서 활발하게 활동하고 있으며, 창의력과 작품성을 제대로 인정받지 못했던 과거의 여성들에게 찬사를 보내고 있다. 또한 그들의 작품에 새로운 생명을 불어넣는 작업이 진행 중이다.

> 내가 하는 일은 유리를 빚어 그 안에 빛을 담는 것이다.
> 작품의 다양한 색채는 빛이 선물한 것이다.
> _스벤 팜비스트(스웨덴 유리공예가)

일상에 예술을 받아들이는
몇 가지 방법

　스웨덴의 많은 정부 단체와 비영리단체가 전통 공예를 보호하고 장려하기 위해 활동한다. 이곳에는 세계적으로 이름난 디자인학교와 순수예술 전문학교도 많다. 그런 만큼 공예, 즉 무언가를 만드는 것은 스웨덴 문화에서 매우 중요하다.

　모든 사람이 예술가나 공예 장인이 될 수는 없다. 하지만 스웨덴 사람들의 자세를 통해 예술과 공예를 좀 더 넓고 깊게 이해할 수 있다. 또한, 옛 전통에서 새로운 가치를 찾고 우리 삶 속에 받아들일 수 있다.

손으로 만들기

테크놀로지란 생활을 편리하게 만들기 위해 개발된 공업 기술이다. 하지만 우리 손으로 직접 무언가를 만드는 경험도 무척 중요하다. 이러한 경험이 삶의 균형을 찾는 데 반드시 필요하기 때문이다. 요리를 하면서 왠지 명상하는 듯한 느낌이 들었다면 바로 이러한 이유 때문일 것이다. 만들기에 도전해보자. 직접 쓸 물건도 좋고, 친구와 가족을 위한 선물도 좋다. 재료 마련부터 완성품까지 전부 직접 만드는 것이다. 무언가를 만드는 데 들인 시간은 정신 건강과 창의력에 도움을 준다. 그뿐만 아니다. 완성된 물건은 우리의 일상을 따뜻하게 만들어준다.

창조적인 배출구 찾기

세상 모든 사람이 그림 그리기나 물건 만들기를 좋아하는 것은 아니다. 하지만 인간은 오랜 세월에 걸쳐 두 손으로 창작물을 만들어왔다. 만들기는 우리의 기본적인 욕구다. 이런 활동이 우리의 정신 건강 향상에 큰 도움을 준다는 사실은 이미 많은 연구에서 밝혀졌다. 글쓰기도 좋고 뜨개질도 좋다. 노래를 부르는 것도 좋다. 목공예나 금속 공예도 물론 좋다. 당신을 기분 좋게 만들어주는 것이면 무엇이든 좋다. 그게 바로 당신에게 딱 맞는 창조적인 배출구다.

장기 프로젝트에 도전하기

창의력이 아무리 중요하다 해도 매일같이 새로운 창의력 타령을 하기는 힘들다. 장기적인 목표를 세우고 차근차근 실행해보자. 한 달짜리도 좋고 100일짜리도 좋다. 그동안 무언가를 만드는 것이다. 힘든 순간도 있겠지만, 목표에 도달했을 때 얻는 만족감은 매우 클 것이다. 그뿐만 아니라 매일매일 조금씩 창의력을 계발하는 좋은 연습이 된다.

예술과 공예에 투자하기

직접 무엇인가를 만드는 일에 딱히 열정을 느끼지 못

한다면 예술가들을 지원하는 것도 방법이다. 예술과 공예 문화가 발전하도록 돕는 것이다. 꼭 큰돈을 쓸 필요는 없다. 작품 가격대가 무척 다양하고, 아주 적은 금액으로도 시작할 수 있다.

최근 들어 중개인을 통하는 대신 작가가 직접 고객과 만나려는 움직임이 커지고 있다. 덕분에 로컬 예술가와 그들의 작품을 보다 쉽게 만날 수 있다. 올해 크리스마스 선물을 준비하거나 누군가의 생일 선물을 사야 한다면, 인디 예술가의 작품을 구매하는 것도 고려해보자.

집 안을 포근하게 만드는
작은 소품들

오래된 스웨터로 만든 울 펠트

입지 않는 낡은 울 스웨터를 가공해 울 펠트를 만들 수 있다. 옷에 두 번째 생명을 주는 셈이다. 스웨터를 세탁기에 넣고 가장 높은 온도에서 세탁하면 니트 조직이 펠트로 바뀐다. 이때 청바지같이 두껍고 묵직한 옷을 함께 넣고 세탁기를 돌리면 더 두꺼운 펠트를 만들 수 있다.

이렇게 만든 울 펠트로 다양한 시도를 해보자. 꿰맬 필요 없이 필요한 만큼 쓱쓱 잘라서 컵 받침이나 냄비 받침을 만들 수도 있다. 좀 더 복잡한 걸 하고 싶다고? 티코지

tea cozy나 벙어리장갑 같은 것을 바느질해보자. 슬리퍼도 좋다.

나뭇잎 장식물

나뭇잎 몇 개와 노끈 약간이면 집이나 사무실을 내추 럴하게 꾸밀 수 있다. 나뭇잎은 잎자루가 잘려나가지 않은 것을 주워야 하며 잎자루 부분이 튼튼할수록 좋다. 끈은 되도록 마사 끈 같은 천연 소재를 사용하자. 나뭇잎의 간격을 원하는 대로 조절해 길거나 짧게 만들 수 있다. 이 장식물은 특히 가을에 잘 어울린다. 잎이 노랗고 붉게 물들어 계절 느낌이 물씬 난다.

나뭇가지로 만든 물건 걸이

나뭇가지 물건 걸이도 아늑한 분위기를 자아낸다. 드릴만 있으면 금방 만들 수 있다. 나무껍질은 취향에 따라 깨끗이 벗긴 후 바싹 말려 원하는 색을 칠할 수도 있다. 물론 그대로 사용해도 무방하다. 드릴로 나뭇가지에 구멍을 뚫고 나사로 벽에 고정한다. 너무 굵은 가지보다는 적당히 가느다란 것이 만들기 편하다. 열쇠나 모자 같은 소품을 거는 데 사용한다.

나뭇잎 도장

나뭇잎과 패브릭 전용 잉크로 자신만의 독특한 디자인을 만들 수 있다. 나뭇잎뿐 아니라 나뭇가지와 꽃도 얼마든지 가능하다. 잎 한쪽 면에 잉크를 묻힌 후 천 위에 올려놓고 누른다. 티 타월이나 침대 시트, 셔츠, 베개 커버 등 어디든 상관없다. 잉크가 묻은 면을 천 위에 올린 후, 그 위에 페이퍼 타월을 한 장 덮고 손으로 꾹 누른다. 핸드롤러를 써도 좋다. 잎을 떼어내면 완성이다. 세탁과 관리 등의 세부 사항은 각 잉크의 사용 설명서에 따른다.

종이로 만든 램프 갓

낡고 오래된 램프에 직접 만든 갓을 씌워 새것으로 바꿔보자. 종이와 판지는 다루기 쉬운 재질이라 다양하게 응용할 수 있다. 심플한 원통형에서부터 좀 더 복잡하고 기하학적인 스타일까지 무궁무진하다. 종이접기를 응용하는 것도 좋다. 더욱 창의적인 사람이라면 램프 갓에 직접 디자인한 무늬를 찍거나, 종이를 이리저리 잘라내어 빛이 새어 나오게 해보자.

당신의 스타일이
곧 당신을 말한다

    유명한 스웨덴 패션 브랜드를 떠올려보자. 필리파 케이와 아크네 스튜디오, 스웨디시 해즈빈스, 누디진, 샌쿠비스트…. 하나같이 심플하고 깔끔한, 유행을 타지 않는 클래식한 디자인을 자랑한다. 언젠가 스웨덴 사람들이 패션에 천부적인 재능이 있는 것 같진 않다고 빈정거리는 프랑스인을 본 적 있다. 분명 스웨덴 패션은 '여기, 나 좀 봐요!'라고 쩌렁쩌렁 외치는 듯 화려한 타입은 아니다. 하지만 아름답고 사람들의 이목을 끈다. 포인트가 있는 디자인이다.

"라곰은 단순한 단어 이상의 의미를 지닙니다. 삶의 개념이에요. 스웨덴 사람들은 태어나는 순간부터 라곰과 함께합니다. 그러니 라곰이 빠진 패션은 상상할 수 없죠."

누디진의 프로덕션 매니저 핌 쇼스트롬의 말이다.

"어릴 때부터 우리는 라곰하게 살아야 한다는 말을 들으며 자랐어요. 어쩌면 그 덕에 스웨덴 사람들이 아방가르드한 패션을 다른 어느 나라보다 빨리 받아들인 것인지도 몰라요. 우리 안에는 라곰이 있지만 동시에 라곰에서 벗어나고픈 소망도 있거든요."

스웨덴 사람들의 옷장 속에는 대체로 차분하고 침착한 느낌의 옷이 가득하다. 쇼스트롬은 이렇게 설명한다.

"우리가 입는 옷은 대부분 밋밋하고 심심한 편입니다. 전체 실루엣은 길쭉하고 컬러는 어둡죠."

물론 파격도 있다. 강렬하고 화려한 컬러와 디자인으로 명성을 얻은 구드룬 쇼덴 같은 경우다. 스웨덴의 패션 역시 글로벌 패션 동향에 맞춰 변화한다. 하지만 오랫동안 입을 수 있는 좋은 품질과 디자인을 중요하게 생각하는

원칙은 예나 지금이나 변함없다.

이쯤에서 하나의 예외가 등장한다. 스웨덴 의류 산업을 이야기할 때 아마 가장 먼저 등장할 거대 기업, H&M 말이다. 우리는 저렴한 가격 덕에 H&M 같은 곳에서 최신 트렌드 제품을 쉽게 살 수 있다. 가격이 싸다는 이유로 사들인 옷 때문에 옷장이 터질 지경이다. 결국 사회적으로나 환경적으로나 심각한 비용이 발생한다. 패스트 패션은 라곰의 반대말이다.

집을 디자인할 때처럼 우리가 입는 옷에도 라곰을 적용해보자. 무엇을 입고 무엇을 구매할지 고민해보자. 우리의 선택 하나하나에 의미가 있다. 다음 항목을 참고하자.

자신의 스타일 알기

유행에 좌지우지되는 대신 자신에게 잘 어울리는 스타일이 무엇인지 찾자. 그리고 어떤 옷을 입었을 때 기분이 좋아지는지 생각해보자. 쇼핑이 훨씬 쉬워진다. 딱 맞는 물건을 고르는 능력이 생긴다.

이거다 싶으면 과감히 투자하기

싸구려 티셔츠를 사는 건 쉽다. 가격이 워낙 저렴하니 딱히 고민하지 않는 것이다. 하지만 정작 한두 번 입고 말거나 때로는 영영 손이 가지 않기도 한다. 가격표를 떼지도 않은 채 옷장 속에 걸어놓은 옷들을 떠올려보자. 유행하는 바지 다섯 벌을 사는 대신, 이거다 싶은 좋은 바지 한 벌에 투자하자. 그리고 옷장 안에서 아니다 싶은 것을 과감하게 골라내자. 자신의 스타일을 알면 이럴 때 큰 도움이 된다.

활용성 고려하기

매일 입어도 괜찮은 옷을 갖추는 게 먼저다. 다양하게 활용할 수 있는 기본 아이템들 말이다. 패션도 디자인처럼 아름다움과 기능성 사이에서 균형을 찾아야 한다.

오래 입을 수 있는 옷 선택하기

옷은 시간이 지나면 입지 못하게 된다. 당연하다. 하지

만 낡고 해져서가 아니라, 멀쩡한 옷인데 유행이 지나서 입지 못하는 것이라면 곤란하다. 우리가 입는 옷에 라곰을 적용한다는 것은 분별 있고 합리적이면서도 패셔너블한 옷을 선택한다는 의미다. 여러 해 동안 사랑하며 입을 수 있는 옷을 고르자.

올바른 브랜드 선택하기

점점 더 많은 디자이너와 브랜드가 보다 윤리적인 패션을 만들기 위해 노력하고 있다. 패션 제품을 생산하는 데는 막대한 돈이 든다. 사소한 요소 하나하나가 모두 돈이다. 이 점을 기억해야 한다. 우리가 내는 돈이 면화 밭에 뿌리는 농약 값으로 쓰일 수도 있고, 신발을 만드는 노동자의 저임금이 될 수도 있다. 우리의 작은 선택이 모여 사회 전반에 큰 영향을 미친다. 올바른 의식을 갖춘 브랜드를 선택하자.

06

/

몸과 마음이
균형을 이룰 때

LAGOM LIFE _____

행복의 기본은
건강한 삶

라곰은 정신적이고 추상적인 부분뿐만 아니라 우리의 몸에도 두루 받아들일 수 있다. 라곰이란 무언가를 덜어 내고 잘라버리고 줄이는 것으로 생각하기 쉽다. 그런데 사실은 우리가 가진 것에 만족하며 감사하는 자세를 말한다. 그 안에서 삶의 균형을 찾고 삶의 기쁨을 충분히 누리는 것이다.

우리는 끊임없이 건강해지는 지름길을 찾아 헤맨다. 마치 마법처럼 '내가 [   ]만 하면 엄청나게 건강해질 거야'라고 생각하는 것이다. [   ] 안에는 운동법이나 식이

요법, 새로 개발된 온갖 신기술을 넣을 수 있다.

단언컨데 마법의 지름길 따위는 없다. 진정으로 건강하려면 육체와 정신이 두루 건강해야 한다. 어떤 방식이 자신에게 잘 맞는지 찾아내 꾸준히 실행하자. 그렇게 한 해 동안 균형 있는 상태를 유지한다면 다음 해 역시 건강하게 보낼 수 있을 것이다.

말처럼 쉽지는 않을 것이다. 하지만 지속적인 행복을 찾기 위해 삶을 좀 더 짜임새 있게 구성하고 자신에게 집중해야 한다. 우리를 둘러싼 환경, 우리를 향한 기대를 제대로 파악해야 한다. 육체적으로든 감정적으로든 꼭 필요하지 않은 것이라면 하나씩 버릴 줄도 알아야 한다. 머릿속으로 이상형을 그리며 그렇게 되고 싶다고 꿈꾸는 대신 바로 지금, 자신에게 집중하자.

이 세상에는 감사해야 할 것들이 가득하다. 우리가 누리는 건강, 가정, 직업, 평화 같은 것들은 누구에게나 당연히 주어진 것이 아니다. 여전히 지구상에는 이런 것들이 사치인 곳이 많음을 미디어를 통해 끊임없이 상기하게 된다. 몸과 마음의 건강을 지켜 우리가 가진 것을 충분히 누리자.

  균형 잡히고도 건강한 삶을 꾸리려면 전체적인 접근이 필요하다. 마라톤 대회에 나가겠다며 일주일에 닷새씩 훈련하더라도, 식사를 엉망으로 하거나 스트레스를 잔뜩 받으며 일한다면 몸은 금세 망가질 것이다. 몸의 건강, 마음의 건강 모두 중요하다. 어느 한쪽을 포기해야 하는 것은 건강한 삶이 아니다. 다양한 활동 전반에 라곰을 적용해야 한다.

온전히 나에게
집중하는 시간

현재를 살아가라

우리는 계속해서 미래에 대해 생각한다. 곧 떠날 여행과 탐나는 승진 기회, 그리고 사고 싶은 새집을 생각한다. 목표에 너무 몰두하다 보면 지금 이 순간을 충분히 누리고 즐기기 어렵다. 오늘에 집중하자. 엇비슷한 일상에 색다른 활동을 더해보자. 특별한 것일 필요는 없다. 숲속을 산책하거나 커피 타임을 즐기자. 가능하다면 다양한 예술 활동을 하자. 매일매일 즐기는 것이다. 아직 오지 않은 미래를 꿈꾸는 대신 지금 이 순간에 만족하자.

어수선한 마음 정리

가진 물건만 줄인다고 미니멀 라이프가 되는 것은 아니다. 우리 마음에도 정리가 필요하다. 후회와 분노, 좌절과 질투 같은 감정은 마음속에 큰 자리를 차지한 채 언제든 삶 속에 끼어들 준비를 하고 있다. 집 안의 잡동사니들이 알아서 싹 정리되지 않듯, 우리의 마음속도 마찬가지다. 좋지 않은 감정을 없애려면 노력이 필요하다.

가진 것들이 실제로 쓸모 있는지 파악한 후 계획을 세워 필요하지 않은 것 제거하기. 여기까지만 보면 물건을 정리하는 방법과 똑같다. 하지만 마음의 문제는 그보다 더 어려울 수 있다. 감정 깊숙한 곳까지 들어가야 하기 때문이다. 나를 맥 빠지게 만드는 건 주로 어떤 상황인가? 어떨 때 무시당하는 기분이 드는가? 일상적으로 나를 불안하게 만드는 상황이 있는가? 내 안에는 어떤 부정적인 감정이 있는가? 그것들은 어디서 왔는가? 어수선하고 혼란스러운 마음을 잘 다루고 잘 정리하기 위해서는 현재 상황부터 정확하게 파악해야 한다.

전자 기기 멀리하기

이메일이나 텔레비전 프로그램. 문자메시지 등 우리가 일상에서 확인해야 할 것이 너무 많다. 물론 모두 중요한 것이겠지만 그 모든 것을 신경 쓰다 보면 잃는 것이 생기기 마련이다. 우리에게는 가족이나 친구와 함께 보내는 시간이 필요하다.

하루 중 전자 기기를 사용하지 않는 시간을 정해서 실천해보자. 특히 잠자리에 들기 전이 좋다. 자기 전 한두 시간가량 텔레비전과 컴퓨터, 스마트폰 등을 보는 대신 책을 읽고 가족과 시간을 보내자. 보내야 할 이메일이나 컴퓨터 작업이 생각난다면, 일단 메모한 후 다음 날 아침에 처리하자.

스트레스 관리

만성적인 스트레스는 불안감과 우울증을 유발한다. 그뿐만 아니라 수면 장애나 심장병을 비롯한 주요 사망 원인과도 깊게 관련돼 있다. 스트레스 관리는 정신은 물론

이고 신체 건강을 유지하는 데 가장 중요한 일이다.

요즘 사람들은 과거에 비해 금세 번아웃된다. 현대인의 스트레스 지수도 점점 높아지고 있다. 하지만 스웨덴 사람들에게는 드물게 발생하는 현상이다. 여기서 배울 점이 있다. 우선 일의 양과 기대치를 조절하는 것에서부터 시작하자. 궁극의 완벽함을 위해 발버둥 치는 대신 '충분히 좋은' 상태를 받아들이자. 그리고 요가나 명상 등 호흡에 집중할 시간을 내자. 하루에 단 5분이라도 좋다.

소중한 사람들과
따로 또 같이 행복하기

온라인 교류 대신 직접 만나기

우리는 대부분 일상적으로 SNS 활동을 한다. 언제 어디서나 타인과 연결되어 있다. 하지만 그로 인해 불안한 마음이 들 때가 있다. 교류라고 여기면서도 사실은 남과 나를 비교하게 된다. 고르고 고른 가장 근사한 순간을 온라인에 전시하고서, 남들도 결국 마찬가지라는 것은 깜빡 잊어버린다. 누군가 휴가지에서 찍은 아름다운 사진을 보며 부러워한다. 그들이 휴가를 떠나기 전에는 사진을 올릴 짬도 없을 정도로 바빴고, 엄청난 스트레스를 받았다는 사실은 짐작조차 하지 못한다.

우리는 온라인상에서 너무 많은 사람을 만난다. 현실에서 만나는 사람보다 훨씬 많다. 영국의 인류학자 로빈 던바는 한 개인이 안정적으로 유지할 수 있는 사회적 관계의 수를 계산했다. 이것을 '던바의 수'라고 한다. 던바에 따르면 개인당 150명이 한계다. 여기에는 얼굴 정도만 알고 지내는 일반적인 지인까지 모두 포함된다. 그보다 가까운 사이는 5명 정도로 훨씬 적다. 이 말은 우리의 두뇌가 SNS 속 수많은 사람과의 관계를 전부 처리할 수 없다는 소리다. 매일같이 SNS를 체크하는 대신 친한 친구들과 제대로 된 시간을 보내는 것이 낫다.

고독한 시간 만들기

친구들과 함께 보낼 시간을 마련하는 것과 마찬가지로 자신만을 위한 시간도 가져야 한다. 혼자만의 시간은 우리에게 생각하고 반추하며 긴장을 풀고 외부 환경의 영향에서 벗어날 수 있는 여유를 준다.

우리는 매 순간 연결된 상태다. 혼자 있을 짬이 없다. 이메일을 보내고 문자메시지를 보내면서 이것이 다 사회 활동이라고 믿는다. 이제 여기서 잠시 벗어날 시간이다. 속세와 인연을 끊으라는 이야기가 아니다. 시끄러운 세상 속에서 잠시 귀를 닫는 방법을 찾아야 한다는 뜻이다. 우리 자신에게 고독한 시간과 공간을 선물하자.

스스로를 돌아보라

종종 우리는 다른 사람들을 돌보느라 자신을 잊고는 한다. 이것은 특히 여성에게 더 심한, 일종의 사회적 압박이다. 이런 일이 계속되면 자신의 내면에 집중하지 못하고 건강을 해친다. 남을 돌보기 위해, 좋은 동료가 되기 위해, 좋은 공동체 구성원이 되기 위해, 좋은 친구가 되기 위해서는 먼저 자신을 잘 살피고 돌봐야 한다.

나만을 위한 시간을 내자. 아주 잠깐이라도 꼭 필요하다. 혼자 밖에 나가서 점심을 즐기는 간단한 일도 좋다. 먼저 자신을 돌보자. 그래야 다른 사람도 돌볼 수 있다.

하루 한 시간
산책의 힘

 어떻게 하면 건강한 몸을 만들 수 있을까? 건강을 이야기하면 우리는 자연스럽게 운동을 떠올린다. 그리고 운동하면 곧바로 헬스클럽을 생각한다.

 우리 조상들은 굳이 운동하지 않고도 생활 속에서 다양한 활동을 하며 건강을 유지했다. 그리 먼 옛날이야기가 아니다. 하지만 지금 우리는 일상 속에서 자연스레 몸을 쓸 일이 없어졌다. 대부분의 시간을 앉아서 보낸다. 짬을 내 운동할 수밖에 없다. 콘크리트 빌딩 숲으로 둘러싸인 현대사회에서 헬스클럽은 매일의 운동량을 채울 수 있는 해답일지도 모른다.

　이런 환경에서 헬스클럽이 인기를 얻는 것은 당연하다. 또 헬스클럽은 집이나 직장 주변에 있기 마련이므로 운동하러 가기도 쉽다. 우리는 무거운 운동기구와 땀 냄새 풀풀 풍기는 낯선 사람들 틈에서 많은 시간을 보낼 수 있다. 헬스클럽을 좋아하지 않는 사람이라면 아마 이 생각만으로도 몸서리칠 것이다. 하지만 이미 상당수의 사람들이 헬스클럽에 푹 빠졌다.

　그런데 이상한 점이 있다. 피트니스 산업이 이렇게 성장하고 있는데도 우리의 건강은 딱히 나아지지 않았다. 아니 오히려 나빠지고 있다. 그렇다면 이제 야외로 나가야 할 때가 아닐까.

　실내 운동에서는 실외 운동의 장점을 얻기 매우 힘들다는 연구 결과가 있다. 기존의 운동 스케줄을 조정해 밖으로 나가자. 달리기도 좋고 자전거 타기도 좋다. 야외에서 요가를 하거나 걷기 운동을 하는 것 역시 좋은 방법이다.

　도심에 사는 사람들은 운동할 만한 실외 장소를 찾기 어려울 수 있다. 추운 겨울철 역시 밖에서 활동하기 힘들다. 헬스클럽을 찾았다면 그곳이 가장 빠르고 좋은 해결책이다. 이 경우에는 트레드밀이 창가에 설치돼 있는 곳을 찾아 창밖을 보며 달리도록 하자. 꽉 막힌 벽을 보며 운동하는 것보다 낫다.

어떤 곳에 살든 간에 야외 활동을 할 수 있는 장소가 분명히 있을 것이다. 자그마한 동네 공원 같은 곳 말이다. 밖으로 나가 한 시간만 걸어도 몸에 활력이 생기고 머리가 맑아진다. 원기 회복에 도움이 된다.

자연 속에서 균형을 찾자

주말이면 숲이나 호수 같은 자연을 느낄 수 있는 곳에서 야외 활동을 하는 것도 좋다. 숲길을 따라 쭉 걷다 보면 몸과 마음이 힐링되는 듯한 느낌이 든다. 특히 혼자일 때 더욱 그럴 것이다. 나무 사이에 앉아 휴식을 취하거나

호숫가에서 조용히 하루를 보내보자. 우리가 자연의 일부라는 사실을 저절로 받아들이게 된다.

자연 속에서 보내는 시간을 통해 우리가 자연에서 생겨난 존재라는 사실을 깨닫게 된다. 그리고 우리 너머에 거대한 무엇인가가 있고 우리는 그 일부라는 사실을 깨닫는다. 우리는 단지 한 개인이 아니라 전체의 일부인 것이다. 우리를 둘러싼 세계와 연결되는 순간이다.

우리 안에는 자연의 리듬이 존재한다. 벽에 걸린 시계에 맞춰 흘러가는 것이 아니라 계절과 빛의 변화에 따라 변화하는 리듬이다. 코앞에 닥친 마감과 금방 다가올 회의가 스트레스를 잔뜩 안겨준다. 그런데 자연이 보여주는 더 큰 그림 앞에서 스트레스쯤은 내려놓을 수 있다.

자연을 느낀다는 것은 어쩌면 고독한 일인지도 모른다. 하지만 그런 순간을 통해 우리가 누구이고 어디에 있는지 깨달을 수 있다. 주변의 모든 것과 연결돼 있음을 인식하고 우리가 속한 공동체에 감사하자. 공공의 이익을 소중하게 여기는 마음을 키울 수 있다.

건강한 몸을 위한
사소한 습관

요즘은 누구나 다이어트 타령을 한다. 그게 마치 모두의 의무이고 표준인 것처럼 말이다. 우리는 장시간 근무하는 사이사이 급히 식사를 해치운다. 자신을 돌보는 데 많은 시간을 쓰지 않는다. 그러다 반작용으로 단기간 반짝 다이어트를 하거나 극단적인 운동 중독이 돼버린다. 모 아니면 도인 것이다. 하지만 우리 몸이 원하는 것은 균형이다. 건강한 몸은 어느 한 가지만 신경 쓴다고 해서 얻을 수 있는 것이 아니다. 삶의 모든 면에서 전체적으로 접근해야 한다.

일상 속 운동

예나 지금이나 스웨덴 사람들은 몸을 움직이는 것을 무척 중요하게 생각한다. 운동은 문화의 일부다. 사회 인프라가 잘 구축된 덕분이기도 하다. 걷거나, 자전거를 타거나, 대중교통을 이용해 출퇴근하는 것이 일상화됐다. 야외활동에 대한 사랑도 대단하다.

매일 일상 속에서 운동할 방법을 찾아보자. 버스를 타고 출퇴근한다면 도중에 내려 몇 정거장 걷는 것도 한 방법이다. 점심시간에 직장 주변을 산책하는 것도 좋고, 정원이나 텃밭을 가꾸는 것도 좋다. 이 모든 게 자연스러운 운동이 된다.

장시간 앉아 있지 않기

직장에서 몇 시간 동안 꼼짝하지 않고 앉아만 있으면 몸이 망가진다. 아무리 운동을 좋아하는 사람이라도 마찬가지다. 온종일 앉아만 있다가 퇴근 후 한 시간 동안 바짝 운동을 하는 것보다 매일매일 짬짬이 사소한 운동을 하는 것이 좋다. 근무 도중 스트레칭을 하고 동료들과 밖으로 나가 산책하며 회의를 해보자.

즐거움 받아들이기

우리는 하지 말아야 할 것에 너무 집착한다. 음식을 앞에 두고 '아, 이거 진짜 먹으면 안 되는데…'라며 괴로워한다. 어차피 먹을 것인데도 죄책감을 느낀다. 기분을 좋게 만들어줄 맛있는 음식이라면 나 자신에게 적당히 허락하자. 괴로워하지 말고 즐기자. 운동을 하루 빼먹었다며 '아, 나 운동하러 가야 하는데…'라고 자책하지 말자. 그냥 그날을 즐기자. 맛있는 음식을 먹으며 머릿속으로 칼로리 계산을 하는 대신 친구들과 보내는 그 순간에 집중하자. 매일 과식을 한다면야 물론 건강에 해로울 테지만, 가끔 한 번씩 즐기는 것쯤은 그리 큰 문제가 되지 않는다.

07

지속 가능한 삶을 위한
내려놓기

LAGOM LIFE _____

좋은 시간을
보내는 것의 의미

우리를 둘러싼 자연과 우리의 건강한 삶은 결코 떼어놓을 수 없다. 자연은 우리 생명의 근원이다. 수천 년 세월 동안 인간이 자연 세계와 균형을 이루며 살아온 것은 환경에 대해 깊이 이해해왔기 때문이다. 그를 통해 우리는 환경과 계절에 적응할 수 있었다.

스웨덴의 자연환경은 무척 극단적이다. 겨울은 황량하고 어둡고 춥다. 반면 여름에는 햇빛이 가득 넘쳐흐른다. 험한 환경 탓에 과거의 스웨덴은 인구 밀도가 굉장히 낮았다. 옛 사람들은 환경에 순응하며 사는 것 말고는 선택의 여지가 없었을 것이다. 오늘날에는 난방과 조명 등 여러 편의 시설 덕에 혹독한 겨울을 나기가 훨씬 수월해졌다. 그럼에도 스웨덴 사람들은 여전히 자연을 깊이 이해하고 존중한다.

자연은 스웨덴 정신세계의 매우 커다란 부분을 차지한다. 도시에 사는 사람들은 여름 휴가철이면 빌딩 숲을 벗어나 숲속 호숫가의 오두막으로 떠난다. 이때 전자 기기 등 평소 생활필수품이라고 여겼던 것들은 거의 가져가지 않는다. 그리고 야생에서 다양한 먹을거리를 신나게 찾아다닌다. 대부분의 스웨덴 사람들이 이런 식으로 여름휴가를 즐긴다. 스웨덴의 국민 취미 생활이라고 할 만하다. 스웨덴의 여름 숲에는 야생 딸기와 블루베리가 풍부하다. 가을에는 살구버섯(스웨덴어로는 '숲속의 황금'이라고 부른다)을 비롯한 다양한 야생 버섯이 축축한 이끼 사이에 숨어 있다. 어떤 계절이라도 좋다. 야생에서 먹을 것을 찾으면 복권에 당첨된 것 같은 기분이 든다.

스웨덴에서는 '좋은 시간을 보냈다'라는 말이 곧 '야외 활동을 즐겼다'는 의미로 통한다. 봄날 주말을 이용해 숲

속을 가볍게 산책했다면 좋은 시간을 보낸 것이다. 겨우내 스키를 실컷 탄 것도 좋은 시간을 보낸 것이다. 이처럼 스웨덴 사람들은 언제나 몸을 움직인다.

야외 활동이 부족할 때 어떤 문제가 발생하는지에 대한 연구가 점점 늘고 있다. 작가 리처드 루브는 책《자연에서 멀어진 아이들》을 통해 '자연 결핍 장애'라는 용어를 제시했다. 루브는 특히 야외에서 시간을 보내야 할 아이들이 온갖 전자 기기에 빠져 있는 점을 지적하며, 그로 인한 부정적 영향에 주목한다. 삶 속에 자연을 충분히 받아들이지 않는다면 우리는 제대로 살아갈 수 없다.

자연이 우리에게 주는 것

최근 다양한 야외 활동 프로그램이 등장했다. 그중 많은 사람의 관심과 지지를 받고 있는 것 중 하나가 일본의 영향을 받은 삼림욕이다. 나무를 이해하며 숲의 생명력을 받아들이는 에코 테라피의 일종이다. 자연은 다양한 면에서 현대인에게 해독제 역할을 한다.

자연이 우리 주변 어디에나 존재한다는 것은 참 다행스러운 일이다. 우리가 조금만 노력한다면, 일상 속에서 자연의 혜택을 더 많이 누릴 수 있다.

정신적 피로 감소

우리는 오랫동안 일하거나 공부했을 때 얼마나 피로한지 잘 알고 있다. 피로가 쌓이면 산만하고 건망증이 심해지기도 한다. 야외 활동은 이런 증세를 완화하는 데 도움이 된다. 마음을 다독여주고 머리를 맑게 해주며, 일과 공부를 다시 시작할 힘을 갖게 한다. 그러니 머리가 무겁다며 커피를 한잔 더 마실 게 아니라 밖에 나가서 산책을 하자.

우울증 완화

야외에서 많은 시간을 보낼수록 우울 증세 완화에 도움

이 된다. 운동이 항우울제와 동일한 효과를 발휘하는 것으로 나타났다는 연구 결과가 있다.

스트레스 경감

야외 활동은 우리의 기분을 더 좋게 만들어준다. 스트레스 지수를 낮추는 데도 큰 역할을 한다. 연구 결과에 따르면, 공원 등 녹지 근처에 사는 사람일수록 코르티솔(스트레스 호르몬) 수치가 낮다고 한다. 그뿐만 아니다. 자연의 혜택은 실내에서도 누릴 수 있다. 숲이 내다보이는 창가에서 근무하는 사람은 그렇지 않은 사람보다 스트레스를 덜 받으며, 직업 만족도가 점점 상승한다는 연구 결과가 있다.

사회적 관계 개선

도시 계획 전문가들 역시 자연이 주는 혜택에 주목하고 주거 공간 안에 적극적으로 도입하고 있다. 커뮤니티 가든과 같은 녹지 공간은 지역 주민을 하나로 모으는 데 도

움이 된다. 또한 집 밖에서 좀 더 많은 시간을 보낼 수 있도록 한다.

어린 시절을 돌이켜보니, 나를 둘러싼 아름다운 자연환경이 가장 먼저 떠오른다. 누구와 함께였느냐는 중요하지 않다. 자연은 매 순간 나를 강렬하게 사로잡았다. 어른이 되고 나서는 느끼기 힘든 감정이다. 바위 사이의 야생 딸기를 기억한다. 봄날이면 마치 카펫처럼 펼쳐지던 푸른빛의 꽃밭, 노랑 앵초로 가득한 초원을 기억한다. 블루베리 열매가 열리는 나만의 비밀 장소, 폭신한 이끼 사이로 피어난 앙증맞은 분홍 꽃봉오리들을 기억한다. 방목장 주변의 작은 오솔길과 그곳의 돌멩이 하나하나를 모두 기억한다. 개울가에 피어난 백합, 졸졸 흐르는 시냇물과 아름다운 나무들까지, 나는 이 모든 것을 기억한다. 함께한 사람들의 얼굴은 잊었어도.

_아스트리드 린드그렌(《말괄량이 삐삐》 시리즈의 작가)

모든 계절
느끼기

자연은 매일매일 마법 같은 힘을 발휘해 새로운 변화를 일으킨다. 겨우내 바싹 말라 있던 나뭇가지는 봄을 맞아 싹을 틔운다. 여름이면 초록 잎사귀가 한가득 피어오른다. 가을이 오면 산과 들이 울긋불긋 화려한 색채로 거듭난다. 계절의 변화를 바라보며 자연의 오묘한 흐름을 느끼는 것. 다른 어떤 것에서도 얻을 수 없는 경험이다.

어느 계절에나 야외 활동을 통해 다양한 즐거움을 찾을 수 있다. 자연 속에는 에너지가 넘친다. 우리는 겨울이면 집 안에 틀어박혀 벽난로같이 따뜻한 곳 주변에서 웅크리고 지내는 게 제격이라 생각한다. 춥고 황량한 날씨를 피하고 싶은 것이다. 그러나 이 계절을 고스란히 경험할 기회를 놓치면 안 된다. 스웨덴 사람들은 겨울 스포츠를 무척 사랑한다. 크로스컨트리, 장거리 스케이팅 같은 운동을 통해 자연의 변화를 느끼고 그 안에서 조화를 이룬다.

야외 활동을 하다 보면 자연스레 환경 보호가 얼마나 중요한 것인지 배우게 된다. 우리는 자연에 맞서 싸울 수 없다. 자연은 미지의 거대한 존재다. 자연과 친밀한 관계를 맺고 더욱 아껴야 한다. 지속 가능성에 대해 고민해야 한다.

집 안에 가져온 자연

하루 24시간 내내 밖에서 보낼 수는 없다. 집 안에 자연 일부를 가져와보자. 스웨덴 사람들은 집에서 식물을 기르거나 식물로 장식하는 것을 좋아한다. 그들의 다양한 노

하우를 살펴보고 응용해보자.

주방에 실내 정원 만들기

집에서 초록 식물을 보다 많이 기르는 방법 중 하나는 주방에 자그마한 정원을 만드는 것이다. 무척 간단하다. 화분 몇 개와 싱싱한 허브면 된다. 화분에 로즈메리와 타임, 오레가노, 바질 등의 허브를 심어 부엌 창가에 올려두자. 보기에 아름답고 음식에 넣을 수도 있으니 두루 좋다.

식물 화분 키우기

거창한 온실을 만들 필요는 없다. 평소 좋아하는 식물을 화분에 심어 기르면 보기에 좋고 건강에도 도움이 된다. 실내 산소 농도가 높아지므로 공기 정화 효과까지 있다. 그뿐만 아니다. 집중력과 생산성을 높이는 데도 도움을 주니 집에서 일하는 사람에게 특히 좋다.

싱싱한 꽃 즐기기

스웨덴의 유리 공예는 무척 유명하다. 특히 꽃병을 빼놓을 수 없다. 스웨덴 사람들은 싱싱한 꽃을 유리병에 꽂아 장식하는 것을 좋아한다. 집 안에 금세 화사한 기운과 생명력이 감돌기 때문이다. 일조량이 부족한 겨울에는 꽃이 정서 안정에도 도움을 준다.

스웨덴 가정에서는 12월이 되면 온 집 안을 율블로모르로 장식한다. 율블로모르는 '크리스마스 꽃'이라는 뜻의 스웨덴어로, 아마릴리스와 히아신스, 크리스마스 베고니아, 포인세티아 등이 해당된다. 1, 2월엔 튤립이 인기 있고, 봄에는 수선화와 크로커스를 흔히 볼 수 있다.

나뭇가지 장식하기

어떤 종류든 쉽게 구할 수 있는 나뭇가지면 다 좋다. 꽃병에 꽂고 작은 조명으로 장식하면 집 안 분위기가 따스해진다. 나뭇가지 모습 그대로를 즐겨도 좋다. 봄을 맞아 정원에서 가지치기를 한다면, 잘라낸 가지를 가져다 꽃병

에 꽂아두자. 곧 봉오리가 피어날 것이다.

야생화 꽃다발 만들기

스웨덴 사람들은 종종 소박한 야생화로 집을 장식한다. 특히 여름이면 집집마다 부엌 테이블 위 꽃병에 갓 피어난 꽃을 꽂아둔다. 야생화로 꽃다발을 만들어보자. 야외로 나가 시간을 보내고 자연의 아름다움을 집 안으로 가져오는 일이다.

지속 가능한
지구를 위하여

이 책을 읽는 여러분은 어떤 주제에 관심이 있는지 궁금하다. 스웨덴 디자인에 뚜렷하게 배어 있는 평등 정신일 수도 있고, 공익을 추구하는 정신일 수도 있다. 지속 가능성 또한 매우 중요한 주제다. 균형 잡힌 삶, 그리고 여유 있는 삶을 추구하는 궁극적인 목표는 지속 가능한 라이프스타일을 만드는 것이다.

지속 가능성sustainability이라는 단어는 다양한 용도로 쓰인다. 여러 기업의 마케팅 캠페인에도 자주 사용된다. 더 많은 물건을 팔기 위해 이 단어를 가져다 쓴다는 사실이 아이러니하지만. 어쨌든 옷이며 음식 등 온갖 것에 적용할 수 있는 포괄적인 개념이다.

그런데 이 단어는 그리 무심하게 소비하고 말 것이 아니다. 의미를 살펴봐야 한다. 지속 가능성은 중요하다. 그냥 중요한 게 아니라 필수적이다. 이 작은 지구에 70억 인구가 살고 있고 2050년에는 95억 명으로 늘어날 전망이다. 우리가 지구에 미치는 영향은 나날이 엄청나게 커지고 있다. 음식과 물, 에너지 소비량이 기하급수적으로 증가해 지구가 견딜 수 없는 한계치까지 밀어붙이고 있다.

선진국일수록 소비량이 더 높다. 영국왕립자연과학학회가 지난 2012년 발표한 '사람과 지구' 보고서에 따르면, 선진국의 어린이 한 명이 사용하는 물의 양은 개발도상국 어린이의 30~50배에 이른다. 이런 불평등은 이산화탄소 배출량에도 드러난다. 고소득 국가의 이산화탄소 배출량은 저소득 국가보다 50배 이상 높다.

우리가 일상적으로 사용하는 제품과 사소한 습관은 눈에 보이는 것 이상으로 환경에 큰 영향을 미친다. 옷장만

열어봐도 그 증거를 찾을 수 있다. 청바지 한 벌을 만드는 데 8,000L의 물이 소비된다. 면화를 재배할 때 뿌리는 엄청난 양의 농약은 말할 것도 없다. 소비 지향적인 사회는 쓰레기를 잔뜩 남긴다. 이걸 처리하는 데 사회적, 환경적 비용이 소모된다.

라곰은 적당하다는 뜻이다. 그러나 우리는 지난 수십 년간 환경을 라곰하게 사용하지 못했다. 오히려 쓸 수 있는 것이라면 자원이든 공간이든 가리지 않고 모조리 뽑아 썼다. 나는 여기서 분명히 말하고 싶다. 적어도 환경 문제에서만큼은 더는 라곰하게 접근하지 않겠다고 말이다. 지금은 공격적이고 적극적인 환경 정책이 필요한 때다. 스웨덴은 여러 면에서 진보적이고 미래지향적인 정책을 선도한다. 국민의 복리와 환경을 동시에 고려한 정책이다.

물론 환경 문제는 쉽게 해결할 수 있는 것이 아니다. 하지만 지속 가능성은 이제 전 지구적인 이슈다. 우리는 이를 다각도에서 고려해야 한다.

우선 각자의 집에서부터 출발하자. 사실 집만큼 라곰

하게 행동할 수 있는 장소도 드물다. 우리 일상에서 절대 빼놓을 수 없는 중요한 일들을 집에서 시작할 수 있다. 예를 들어 출퇴근에 라곰을 적용해보자. 운전하는 대신 자전거를 타면 어떨까. 버스나 지하철 같은 대중교통을 이용하는 것도 좋은 방법이다. 일, 가정, 소비, 그리고 먹는 음식 등 여러 면에서 라곰한 삶을 지향하자. 그 안에서 균형을 찾는다면 우리가 지구에 끼치는 악영향을 크게 줄일 수 있다.

더하지도
빼지도 않는 삶

지금과 같은 과소비적 생활 방식을 지속할 경우 자원은 곧 고갈된다. 미래에는 아무것도 남지 않을 것이다. 오늘 우리의 삶이 라곰해지면 다음 세대 역시 라곰하게 살 수 있다.

지금부터 우리가 환경에 끼칠 영향을 줄이는 방법을 알아보자.

재료와 성분에 관심 갖기

우리의 옷가지, 사용하는 가구, 매일 바르는 화장품, 청소 용품, 음식의 재료와 성분이 무엇인지 주의 깊게 살펴 보자. 일상 속 물건에 어떤 화학물질이 들어 있는지 하나 씩 알아볼 필요가 있다.

생활 쓰레기 줄이기

스웨덴 사람들은 학교에서 3R에 대해 배운다. 줄이고 reduce, 재사용하고reuse, 재활용하기recycle다. 하지만 주기적 으로 소비 욕구가 찾아오다 보니 실제로는 이 중에서 세 번째 것, 즉 재활용만 간신히 지켜왔다.

3R의 맨 처음이 줄이기인 데는 그만한 이유가 있다. 일 상 전반의 소비를 줄이는 것이야말로 진정 필수적이기 때 문이다. 그래야 쓰레기가 줄어든다.

우선 우리가 하루에 얼만큼의 쓰레기를 습관적으로 배 출하는지 생각해보자. 그다음으로 줄일 수 있는 것은 무 엇이고 애초에 쓰레기를 만들지 않을 방법이 있는지 고 민해보자. 요즘 주변에서 재사용 가능한 장바구니를 쓰는 사람을 자주 본다. 좋은 변화다. 하지만 쇼핑 후에는 여전히 포장지가 잔뜩 쌓인다. 포장 식품 대신 신선 식품을 사고, 많이 쓰는 물건은 대용량 제품을 선택하면 쓰레기를 줄이는 데 도움이 된다.

음식물 쓰레기 줄이기

유럽에서는 매년 880억 톤 이상의 음식물 쓰레기가 발생한다. 프랜차이즈 음식점에서 나오는 것들만 문제가 아니다. 우리 각자도 집에서 음식물 쓰레기를 줄일 방법을 찾아야 한다.

조리된 음식을 살 때는 먹을 만큼만 고르자. 직접 요리한다면 특히 더 신경 써서 양을 가늠해야 하는데, 한 주 식단을 미리 짜 놓으면 도움이 된다. 다음 주에 무엇을 먹을지 계획을 세운 뒤 장을 보면 먹지 않을 식재료는 사지 않게 된다.

생수 대신 수돗물

깨끗한 수돗물을 마실 수 있는 지역에 산다면 일회용

플라스틱 물병에 담긴 생수를 살 필요가 없다. 재사용 가능한 물병에 수돗물을 채워서 다니는 습관을 들이자.

업사이클링

물건을 버리기 전에 다시 한 번 생각해보자. 다른 용도로 쓰거나 새로운 물건으로 재탄생시킬 수도 있다. 오래된 유리 항아리는 야생화 한 다발을 꽂아 가까운 친구에게 선물할 수 있다. 혹은 그 안에 양초를 넣어 조명으로 쓸 수도 있다. 집 안에서 쓰던 낡은 테이블을 정원에 내놔 야외용으로 사용할 수도 있다. 입지 않는 스웨터로 울 펠트를 만들어 새로운 소품을 만드는 것도 좋은 방법이다.

옷 수선하기

요즘은 저렴한 가격의 패스트 패션이 넘쳐난다. 조금 해진 옷을 수선하느니 그냥 새것을 사는 게 빠르고 쉽다. 최근 들어 이런 소비 습관에 대항하는 운동이 일어나고 있다. 입던 옷을 쓰레기통에 던져 넣는 대신 고쳐 입자는 운동이다. 아예 수선한 부분이 눈에 띄도록 강조하기도 하는데, 패치워크와 스티치를 활용해 예술적인 느낌을 더한다. 한때는 낡고 망가진 것이라 여겼던 물건의 가치를 되돌려주는 일이다.

퇴비 만들기

퇴비는 음식물 쓰레기를 비롯한 여러 유기물질을 자연 순환 사이클로 되돌려 보내는 유익한 방법이다. 퇴비를 만드는 방법은 무척 다양하므로 필요에 따라 선택해 만들자. 만약 정원이나 텃밭이 없다면 지역 커뮤니티 가든이나 공동 텃밭 등에서 퇴비를 필요로 하는지 알아보고 도움을 줄 수 있다.

중고 물품 구매하기

새 옷이나 생활용품을 사기 전에 먼저 중고품이 있는지 찾아보는 구매 습관을 들이자. 과소비 문화 탓에 중고 시장에는 온갖 물건이 넘쳐난다. 조금만 검색해보면 저렴하고 독특한 물건을 발견할 수 있다. 그 물건에 두 번째 생명을 주는 일이기도 하다.

소비 줄이기

오늘날에는 온갖 친환경 제품이 시장에 가득하다. 하지만 이런 식의 소위 '의식 있는 소비'는 환경에 큰 도움이 되지 않는다. 청바지가 필요할 때 중고품을 고르거나 윤리적으로 생산한 바지를 고르는 것, 좋다. 훌륭하다. 하지만 먼저 우리가 필요로 하는 것이 무엇이며 어떤 식으로 소비할 것인지 인식을 바꾸는 일이 우선돼야 한다.

친환경 제품을 점점 더 많이 사는 게 해답이 아니다. 애초에 소비를 줄이는 게 우선이다. 물론 즐거운 일은 아닐 것이다. 하지만 필요한 것과 필요 없는 것을 구분하고 소비 습관을 최소화하기 위해 노력한다면, 우리는 보다 의미 있는 일을 할 수 있다. 그렇게 절약한 비용과 시간으로 다양한 취미 활동도 할 수 있다.

다음 세대 가르치기

좋은 습관은 어릴 때 시작해야 몸에 밴다. 자녀 혹은 주변의 어린아이에게 자연스럽게 환경에 대해 알려주자. 매일 먹는 음식이 어디에서 왔는지 가르쳐주고, 우리가 무엇을 소비하고 무엇을 낭비하는지에 대해서도 이야기를 나눠보자. 일단 몸에 낭비 습관이 배었더라도 어릴 때 고치기 시작하면 삶의 일부가 될 수 있다.

에너지 효율

다음은 가정용 에너지를 보다 효율적으로 사용하기 위한 작은 팁이다. 전반적인 에너지 소비량과 환경에 미치는 영향을 줄일 뿐 아니라 비용 절감 효과도 있다.

- LED와 CFL(컴팩트 형광등)같이 효율적으로 에너지를 소비하는 전구를 설치하자.
- 세탁기를 사용할 때 한 번에 많은 양을 세탁하고 찬물을 사용하자.

- 절수형 샤워기를 설치하자.

- 겨울철 실내 온도를 낮추고, 사용하는 방만 난방 하자.

- 커피나 차를 끓일 때 주전자에 필요한 만큼의 물만 채워 불에 올리자.

- 쓰지 않는 방의 불을 끄자.

여행

여행이 환경에 미치는 영향은 엄청나다. 비행기 마일리지를 쌓았다는 건, 그만큼 이산화탄소를 배출했다는 이야기다. 그렇다고 해서 먼 곳으로 여행을 가지 말자는 것이 아니다. 여행하기에 앞서 될 수 있으면 지속 가능성을 염두에 두고 선택하자는 말이다. 짧은 여행을 여러 차례 다녀오는 대신 긴 여행을 한 번 가는 것을 고려해보자.

여행 중에는 가급적 대중교통을 이용하자. 닳고 닳은 관광 루트에서 벗어나 지역 사람들과 교류하고 지역 경제에 도움이 될 수 있는 소비를 하자.

자연보호 활동

자연을 사랑한다면 보호하자. 우리 주변에는 자원봉사
자를 기다리는 환경 단체가 아주 많다. 봉사 활동뿐 아니
라 기부금을 필요로 하는 곳도 많다. 친환경 제품을 새로
사는 대신 환경 단체를 지원하자.

행복의
균형감각

지금까지 환경과 지구에 대한 지속 가능성을 이야기했다. 이것은 우리 삶과도 큰 관련이 있다. 지속 가능한 라이프스타일이란 개인의 정신 건강과 육체 건강을 모두 고려하는 것이다. 우리는 무엇이든 너무 빨리 하고 너무 많이 먹으며 너무 과하게 일하고 스트레스를 넘치도록 받는다. 이 중에서 어떤 것도 지속 가능할 수 없다. 속도를 늦추고 자신을 다독일 필요가 있다. 그렇지 않으면 우리는 몸의 에너지와 열정을 몽땅 써버리고 금세 지칠 것이다.

건강, 일, 가족, 경제, 그리고 환경 등 우리 삶의 모든 면에서 균형을 찾아야 한다. 모든 면이 적당하다면, 즉 라곰하다면 우리는 무슨 일이든지 오랫동안 지속할 수 있다.

라곰하게 산다는 것은 행복을 추구한다는 의미다. 높은 연봉과 근사한 물건이 아니라 우리 존재 자체에서 느낄 수 있는 행복. 지금 이 순간이 더없이 만족스러울 때 비로소 다가오는 행복이다.

지속 가능한 미래를 만들 유일한 방법은 소비를 줄이는 것이다. 또한 우리 자신과 지역사회, 그리고 환경을 더욱 돌보고 아끼는 것이다. 이것은 라곰이 주는 궁극적인 교훈이기도 하다. 매일 삶 속에 라곰을 적용하자. 너무 많지도, 너무 적지도 않은 중간 지점을 찾아 균형을 잡을 수 있다. 우리에게는 그러한 능력이 있다.

정신없이 빠르게 흘러가는 삶은 언젠가 그 대가를 요구하기 마련이다. 속도를 조금 늦추고 지금 이 순간을 받아들이자. 하루하루를 즐기자. 단순함 속에서 아름다움을 찾자. 이 책을 통해 이야기하고 싶은 것이 바로 이것이다.

가능성은 얼마든지 열려 있다. 쾌락을 추구할 수 있고

더 큰 성과를 올리기 위해 자신을 몰아붙일 수도 있다. 하지만 동시에 우리는 삶의 속도를 줄일 수 있다. 절제되고 미니멀한 라이프스타일을 선택할 수 있다. 그렇게 된다면 우리는 지금보다 더 의식 있는 문화를 함께 만들어나갈 수 있을 것이다. 앞서 이야기한 스웨덴 속담으로 글을 마친다.

라곰 알 배스트.
라곰이 참 좋다.

부록

라곰 레시피

스웨덴 음식은 제철 식품과 로컬 식재료로 만든 심플한 레시피가 원칙이다. 여기에 소개하는 요리는 구하기 쉬운 재료를 활용해 스웨덴의 맛을 고스란히 품고 있는 음식이다. 건강식에 가까운 것도 있고, 입에 착 붙는 달콤한 것도 있다. 어느 쪽이든 음식이 건강한 삶의 근본이라는 스웨덴 부엌의 본질이 담겼다.

LAGOM LIFE _____

호밀빵

Ráglimpor

이 레시피는 스웨덴 전통 빵인 림파에서 영감을 얻은 것이다. 림파는 캐러웨이와 아니스로 맛을 낸 달콤한 호밀빵이다. 나는 보통 호밀가루를 좀 더 넣고 꿀을 더해 만든다. 다른 호밀빵보다 밀도가 높다.

두 덩어리 분량

드라이 이스트 2작은술

꿀 2큰술

따뜻한 물 480mL(2컵), 별도의 따뜻한 물 2큰술

펜넬 씨앗 2작은술

아니스 씨앗 1작은술

캐러웨이 씨앗 1작은술

소금 ½작은술

오렌지 제스트 1개 분량

호밀가루 350g(2½컵), 별도로 약간 더 준비

통밀가루 175g(1¼컵)

일반 밀가루 185g(1¼컵)

올리브유 약간

◆ 작은 그릇에 드라이 이스트와 꿀을 담는다. 따뜻한 물 2큰술을 넣고 섞는다. 이스트가 녹고 공기 방울이 생기기 시작할 때까지 10분가량 둔다.

◆ 큼직한 볼에 나머지 따뜻한 물과 펜넬, 아니스, 캐러웨이, 소금, 오렌지 제스트를 넣고 위의 이스트를 넣는다. 호밀가루, 통밀가루, 일반 밀가루를 한데 섞은 후 여러 차례에 걸쳐 볼에 조금씩 넣으면서 섞어 하나의 덩어리로 만든다.

◆ 밀가루를 뿌린 작업대 위에 반죽 덩어리를 올려놓고 3~5분가량 부드럽게 반죽한다. 반죽은 촉촉한 상태여야 하는데, 만약 손가락에 너무 많이 묻어난다면 별도로 준비한 호밀가루를 조금씩 더해가며 점도를 조절한다. 반죽이 끈끈한 건 정상이니 가루를 너무 많이 넣지 말 것. 중간중간 스패출러로 작업대 바닥에 달라붙은 반죽을 떼어낸 후 다시 손으로 반죽한다. 그러면 끈적임이 덜할 것이다.

◆ 반죽을 공 모양으로 만들어 볼 안에 넣는다. 티 타월을 덮고 한 시간 동안 둔다.

◆ 반죽이 부풀어 오르면 베이킹 트레이에 올리브유를 약간 발라 준비한다. 반죽을 두 덩어리로 나누고 그중 한 덩어리를 부드럽게 눌러 평평하게 한 다음, 직사각형 모양으로 다듬어 3등분으로 접는다. 밀대를 이용해 25~30cm 길이로 민

다. 반죽을 베이킹 트레이에 담은 후 남은 반죽 한 덩어리도 똑같이 성형한다.

◆ 트레이에 담은 반죽 위에 티 타월을 덮고 45분간 더 부풀어 오르게 둔다.

◆ 오븐을 200°C(400°F)로 예열한다.

◆ 반죽이 부풀어 오르면 오븐에 넣고 진한 갈색이 될 때까지 35~40분가량 굽는다.

◆ 빵을 꺼내 식힘망 위에 올린다. 다 식으면 티 타월로 감싸 보관한다.

오픈 샌드위치

Smörgås

스웨덴에서 가장 흔히 먹는 음식을 꼽으라면 아마 오픈 샌드위치일 것이다. 도톰한 빵 위에 여러 가지 재료를 듬뿍 올려놓기만 하면 된다. 만들기 쉽고, 위에 무엇을 올리느냐에 따라 종류가 무한하다. 스웨덴어로 샌드위치 토핑을 폴렉이라고 한다.

스웨덴 사람들이 즐겨 먹는 폴렉 조합

버터와 얇게 썬 치즈(여기에 오이, 래디시, 고추, 사과, 배 등의 채소나 과일을 얇게 썰어 올려도 좋다)

허브 버터와 얇게 썬 삶은 달걀

마요네즈, 익힌 새우, 딜

얇게 썬 미트볼(채식주의자용 미트볼도 좋다), 비트 피클

훈제연어와 겨자, 딜 소스

크리스프브레드

Knäckebröd

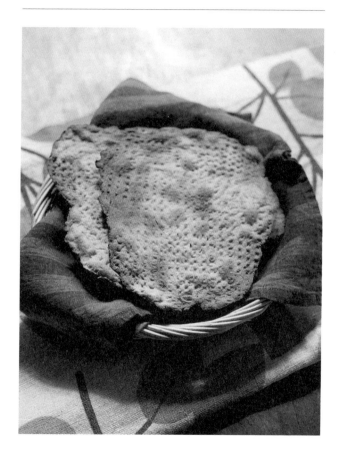

스웨덴에서는 식사 때마다 크리스프브레드를 먹는다. 호밀가루로 만들며 오랜 역사를 가진 빵이다. 전통적으로 크리스프브레드 한가운데에 구멍을 뚫어 막대기에 쭉 꿰서 겨우내 보관했다. 스웨덴 사람들이 매년 소비하는 크리스프브레드의 양은 상당하다.

이 책에서 소개하는 레시피는 이스트 대신 베이킹파우더를 사용한다. 보다 쉽고 편한 방식이다. 할 수 있는 한 반죽을 얇게 미는 것이 포인트인데, 그래야 구웠을 때 기분 좋게 바삭거린다. 완성된 크리스프브레드는 바구니에 담아 버터, 치즈와 함께 저녁 식탁에 내놓는다. 완숙 달걀을 곁들여 간단한 점심으로 먹어도 좋다.

10~12개 분량

플레인 요거트 250g(1컵)

식용유 80mL(⅓컵), 별도로 약간 더 준비(유채 씨 기름처럼 독특한 향이 없는 것이 좋고 올리브유도 괜찮다)

베이킹파우더 1작은술

아니스 씨앗 1작은술

캐러웨이 씨앗 2작은술

소금 ¼작은술

호밀가루 140g(1컵), 별도로 약간 더 준비

통밀가루 150g(1컵)

◆ 오븐을 200℃(400℉)로 예열한다.

◆ 볼에 요거트와 식용유를 넣고 잘 섞는다.

◆ 다른 볼에 마른 재료를 모두 넣는다. 여기에 요거트와 식용
  유 혼합물을 천천히 더해가며 섞어 반죽 덩어리를 만든다.

◆ 반죽을 호두 크기의 작은 공 모양으로 나누어 10~12개 정
  도 빚는다. 작업대 바닥에 밀가루를 뿌리고 반죽 공을 최대
  한 얇게 민다.

◆ 베이킹 트레이에 올리브유를 살짝 바른다. 얇게 민 반죽을
  한 장 올려 10~12분가량 진한 금빛 갈색이 될 때까지 굽는
  다. 굽는 시간은 반죽 두께에 따라 달라진다. 트레이 하나에
  한 장씩 굽기 때문에 여러 차례 반복해야 한다.

◆ 오븐에서 꺼내 몇 분간 그대로 놔둔 후 식힘망에 옮긴다. 완
  전히 식으면 착착 쌓아서 밀폐 용기에 담아 보관한다.

딜을 넣은 오이 절임

Inlagd gurka med dill

달콤하고 새콤한 오이 절임으로 싱싱한 딜 향기가 근사하다. 오픈 샌드위치 위에 얹으면 끝내준다. 다양한 요리에 곁들여도 좋다. 딜 외에 다른 여러 허브를 넣을 수도 있다. 다진 민트와 코리앤더도 잘 어울리므로 다양하게 시도해보자. 설탕 대신 꿀을 넣어 보다 묵직하고 깊은 맛을 낼 수 있다.

7~10인분

물 240mL(1컵)

설탕 4큰술

화이트와인 식초 4큰술

소금과 통후추 간 것 약간씩

큼직한 오이 1개 아주 얇게 썬 것

신선한 딜 다진 것 1큰술

◆ 큼직한 항아리를 깨끗이 씻은 후 물, 설탕, 식초, 소금, 후추를 넣는다. 뚜껑을 닫고 설탕이 거의 다 녹을 때까지 흔든다.

◆ 얇게 썬 오이와 딜을 넣고 오이가 항아리 바닥으로 가라앉도록 눌러준다.

◆ 먹기 전 최소 한 시간 이상 냉장고에 넣어 차게 만든다. 일주일간 보관할 수 있다.

비트와 페타 치즈를 넣은 렌틸콩 샐러드

Linssallad med rödbetor och feta ost

이 샐러드는 차갑게 먹어도 좋고 따뜻하게 먹어도 좋다. 렌틸콩이 들어 있어 든든하다. 아래의 레시피는 3~4명이 간단하게 식사할 수 있는 분량이다. 사이드 디쉬로 활용한다면 그보다 더 여럿이서 나눠 먹을 수 있다. 호두를 구워 넣으면 더 맛있다.

3~4인분

● **샐러드 재료**

중간 크기 비트 4개

소금 약간

녹색 렌틸콩 200g(1컵)

물 480mL(2컵)

샬롯 1개 얇게 썬 것

페타 치즈 200g

장식용 오렌지 제스트 약간

● **드레싱 재료**

발사믹 식초 2큰술

올리브유 4큰술

생 오렌지 1개 즙 낸 것

◆ 냄비에 비트와 물, 소금을 약간 넣어 센 불에 올린다. 끓기 시작하면 중간 불로 줄인 후 30~45분가량 비트가 부드러워 질 때까지 조리한다. 비트 크기에 따라 조리 시간이 달라지 므로 시간을 단축하고 싶다면 비트를 반으로 잘라 익힌다. 다 익으면 찬물에 헹구고 손으로 만질 수 있을 만큼 식었을 때 칼로 껍질을 벗긴다.

◆ 비트를 삶는 동안 냄비에 물과 렌틸콩을 담아 뚜껑을 덮지 않고 센 불에서 끓인다. 이때 물은 렌틸콩이 빠듯하게 잠길 정도로만 넣고 필요하면 중간중간 조금씩 추가한다. 끓기 시작하면 불을 줄여 콩이 부드러워질 때까지 20~30분가량 더 익힌다.

◆ 다 익은 렌틸콩을 건져 큰 볼에 담는다. 비트는 작게 깍둑썰 기를 하고 얇게 썬 샬롯과 으깬 페타 치즈를 넣어 잘 섞는다.

◆ 다른 볼에 드레싱 재료를 모두 넣고 잘 섞는다(병에 넣어 흔 들어도 좋다). 샐러드 위에 드레싱을 뿌리고 섞은 후 오렌지 제스트로 장식하면 끝.

리크와 버섯을 곁들인 감자 그라탱

Potatisgratäng med purjolök och svamp

스웨덴 사람들은 감자 그라탱을 메인 요리와 함께 곁들여 먹는다. 특히 겨울철에 사랑받는 요리다. 아래의 레시피는 리크와 버섯을 더해 계절감을 더욱 살렸다. 어떤 버섯도 상관없지만 시장에서 야생 버섯을 구할 수 있다면 최고다.

4~6인분

올리브유 2큰술, 별도로 약간 더 준비

마늘 1쪽 잘게 다진 것

큼직한 리크 1대 깨끗이 씻어 썬 것

얇게 썬 버섯 125g(3컵)

큼직한 감자 3~4개(약 2kg)

다진 헤이즐넛 70g(½컵)

소금과 통후추 간 것 약간씩

더블 크림(유지방 30% 이상의 생크림) 240mL(1컵), 별도로 약간 더 준비

◆ 오븐을 200°C(400°F)로 예열한다.

◆ 프라이팬을 중간 불에 올리고 올리브유를 넣는다. 달군 팬에서 다진 마늘이 금빛 갈색을 띨 때까지 볶는다. 썰어둔 리크를 넣고 함께 볶는다. 리크가 부드러워지면 버섯을 넣어

볶는다. 버섯의 부피가 살짝 줄어들 때쯤 불을 끈다.

◆ 감자를 반으로 자르고 5mm 두께로 얇게 썬다.

◆ 사각형 오븐 용기에 올리브유를 얇게 바른다. 준비한 감자
의 절반 분량을 용기 바닥에 평평하게 깐다. 그 위에 볶은
리크와 버섯, 다진 헤이즐넛을 덮고 소금과 후추로 간한다.
그 위에 나머지 감자를 얹은 다음 크림으로 덮고 소금, 후추
를 좀 더 뿌린다.

◆ 약 40~50분가량 굽는다. 30분쯤 지났을 때 오븐을 열어 음
식 상태를 체크해보고, 너무 말라 보인다면 크림을 좀 더 넣
는다.

◆ 오븐에서 꺼내 몇 분간 식힌 후 먹는다.

카다멈을 넣은 서양배 콤포트
Paronkompott med Kardemumma

스웨덴에서는 과일을 달콤하게 조려 만든 콤포트를 즐겨
먹는다. 만드는 방법은 무척 간단하다. 과일에 설탕이나 꿀
같은 감미료를 넣고 부드러워질 때까지 익히기만 하면 된다.
시나몬이나 감귤류 껍질 등 다양한 향신료로 풍미를 더할
수도 있다. 이 레시피에는 내가 가장 좋아하는 향신료인 카
다멈을 넣었다.

과일 콤포트는 다양하게 활용할 수 있다. 요거트에 몇 스
푼 곁들이면 아침 식사가 되고, 휘핑크림과 아몬드 슬라이
스와 함께라면 디저트로 그만이다. 카다멈을 넣은 퀵 브레드
반죽 속에 넣거나 스웨디시 팬케이크와 함께 먹어도 좋다.

450g(2컵) 분량

큼직한 서양배 2개(약 500g 분량)

꿀 2큰술

으깬 카다멈 1½작은술

◆ 깨끗이 씻은 배를 얇게 자른 후 잘게 썬다. 냄비에 배와 꿀,
  으깬 카다멈을 넣는다.

◆ 중간 불에 올려 계속 저으며 익힌다. 냄비 바닥에 물기가 배어 나오고 거품이 조금씩 생기면 불을 약하게 줄인다. 뚜껑을 덮고 15~20분간 더 익힌다. 포크로 으깰 수 있을 정도로 배가 부드러워지면 완성.

◆ 깨끗한 유리병에 콤포트를 담고 뚜껑을 덮은 후 실온에서 식힌다. 완전히 식으면 냉장고에 넣는다. 2주가량 보관할 수 있다.

스웨디시 치즈 케이크
Ostkaka

스웨덴의 치즈 케이크는 우리가 잘 아는 미국식 치즈 케이크와 완전히 다르다. 스웨디시 치즈 케이크는 낙농업이 활발히 이루어지던 스웨덴 남부 스몰란드 지역에서 유래했다. 오랜 역사를 가진 이 음식은 전통적으로 우유에 레닛(치즈를 만들때 사용하는 응고제)을 섞어 만든다. 오늘날에는 대부분 편리한 코티지 치즈를 쓴다. 완성된 스웨디시 치즈 케이크는 치즈 맛이 물씬 나는 달걀 푸딩 형태다. 스웨덴 사람들은 여기에 휘핑크림과 요트론실트(호로딸기 잼)를 곁들이곤 한다. 달콤한 잼과 짭짤한 치즈가 잘 어울린다. 스웨디시 치즈 케이크 위에 라임 즙을 살짝 뿌려도 맛있다.

케이크 1판 분량

달걀 4개

꿀 2큰술

우유 300mL(1¼컵)

코티지 치즈 450g(2컵)

곱게 간 아몬드 60g(½컵)

버터 약간

◆ 오븐을 175°C(350°F)로 예열한다.

◆ 볼에 달걀과 꿀을 넣어 휘젓다가 나머지 재료를 넣어 잘 섞
는다.

◆ 베이킹용 그릇에 버터를 칠하고 반죽을 붓는다. 진한 금빛
갈색이 될 때까지 35~45분가량 굽는다.

◆ 잠시 식혔다가 크림과 잼을 곁들여 먹는다. 혹은 아예 차갑
게 먹어도 좋다.

스웨디시 팬케이크

Pannkakor

팬케이크는 만들기 쉽고 맛도 좋다. 아이, 어른 할 것 없이 다들 좋아한다. 스웨디시 팬케이크는 부풀어 오르지 않는 얇은 형태라 크레이프에 더 가깝다. 스웨덴 사람들은 여기에 잼을 발라 돌돌 말아서 먹는다. 잼 대신 다양한 과일 콤포트를 넣어도 잘 어울린다. 볶은 채소나 치즈 등을 넣어 짭짤하게 먹어도 좋다.

3~4장 분량

달걀 3개

우유 600mL(2½컵)

통밀가루 75g(½컵)

일반 밀가루 70g(½컵)

소금 ½작은술

녹인 무염 버터 2큰술, 반죽을 부칠 때 쓸 버터 별도로 준비

◆ 준비한 우유의 절반 분량과 달걀을 볼에 넣어 휘젓는다. 통밀가루, 밀가루, 소금을 넣고 젓다가 나머지 우유를 붓고 반죽이 부드러워질 때까지 젓는다. 녹인 버터를 넣고 섞는다.

◆ 무쇠 프라이팬이나 코팅 프라이팬을 중간 불에 올린다. 버터를 조금 넣어 녹이면서, 팬 바닥에 전체적으로 버터가 퍼지도록 한다. 팬케이크 반죽을 프라이팬 바닥에 얇게 코팅한다는 느낌으로 붓는다. 프라이팬을 이리저리 기울여 반죽이 잘 퍼지도록 한다. 아랫면이 익도록 잠시 놔두었다가 조심스럽게 뒤집는다. 반대 면도 연한 금빛 갈색이 될 때까지 2분가량 굽는다.

◆ 접시에 담아 곧바로 먹는다. 남은 반죽도 같은 방법으로 굽는다.

크레이프 케이크

Pannkakstárta

크레이프 케이크는 어쩌면 스웨덴 음식 중에서 가장 라곰하지 않은 것일지도 모르겠다. 그만큼 화려한 까닭이다. 얇은 팬케이크 사이사이 휘핑크림과 잼, 또는 과일 콤포트를 발라가며 한 장 한 장 쌓아 올린 근사한 디저트다. 아이들의 생일 파티에 빠지지 않는 메뉴이기도 하다.

이 케이크의 진정한 매력은 매일 먹는 것이 아니라는 점에 있다. 특별한 날에만 맛볼 수 있는 디저트다. 건강한 쾌락주의의 좋은 예랄까. 여름이면 나는 팬케이크 사이사이에 싱싱한 베리 열매를 넣곤 한다. 겨울이 되면 냉동 베리 열매와 꿀로 콤포트를 뚝딱 만들어 넣는다. 특히 블루베리와 라즈베리를 섞으면 맛있다. 물론 시판 잼을 써도 된다.

케이크 1판 분량

스웨디시 팬케이크 여러 장(284페이지 참고)

잼 또는 과일 콤포트

더블 크림 240∼360mL(1∼1½컵) 휘핑한 것

◆ 얇은 팬케이크를 여러 장 구워 식혀둔다.

◆ 큰 접시나 케이크 받침대에 팬케이크를 한 장 올려놓는다.
  잼이나 과일 콤포트를 바르고 크림도 얇게 바른다. 그 위에
  다시 팬케이크를 한 장 올린 후 잼과 크림을 똑같이 바른다.
  준비한 팬케이크를 모두 사용할 때까지 반복한다. 맨 위에
  휘핑크림을 듬뿍 얹고 싱싱한 과일이나 과일 콤포트를 올려
  장식한다. 곧바로 먹는다.

카다멈을 넣은 퀵 브레드
Fyllda Hastbullar

스웨덴 사람들은 피카를 즐길 때면 으레 빵이나 과자를 곁들인다. 가장 인기 있는 것은 카다멈을 넣은 달콤한 빵이다. 하지만 이 빵은 이스트로 반죽을 발효시켜 만들기 때문에 만드는 데 시간이 오래 걸린다. 이럴 때 딱 좋은 것이 퀵 브레드다. 무반죽, 무발효 빵을 뜻한다.

다음의 레시피는 글루텐 프리 버전으로, 아몬드 가루와 현미 가루를 넣는다. 시판 아몬드 가루를 쓰면 편리하다. 집에 푸드 프로세서가 있는 경우 직접 갈아서 사용하면 더 좋다. 아몬드 대신 헤이즐넛으로도 만들어보자.

일반적인 퀵 브레드는 카다멈만 넣는다. 풍미를 더하려면 시나몬 번이나 카다멈 번을 만들 때처럼 버터와 설탕, 시나몬을 섞은 필링을 넣으면 된다. 잼이나 과일 콤포트도 좋다. 앞서 만든 서양배 콤포트나 집에 있는 잼을 다양하게 넣어보자. 싱싱한 베리 열매를 으깨 설탕을 솔솔 뿌려 잠시 놔뒀다 넣어도 좋다.

12개 분량

● 반죽 재료

곱게 간 아몬드 160g(1½컵)

현미 가루 180g(1¼컵) 또는 통밀가루와 일반 밀가루를 90g씩 섞어 사용

설탕 55g(¼컵)

베이킹파우더 3작은술

으깬 카다멈 1½작은술

버터 100g(7큰술)

달걀 1개

플레인 요거트 140g(½컵)

● 필링 재료

잼 100g(⅓컵) 또는 실온 상태의 버터 50g(3½큰술)

시나몬 가루 2작은술

으깬 카다멈 1작은술

● 토핑 재료(생략 가능)

펄 슈거

◆ 오븐을 225°C(450°F)로 예열한다.

◆ 아몬드 가루, 현미 가루, 설탕, 베이킹파우더, 카다멈을 볼에

넣고 섞는다. 잘게 자른 버터를 넣고 손가락으로 문질러가며 거친 빵가루 느낌이 될 때까지 섞는다.

◆ 다른 볼에 달걀과 요거트를 넣고 휘젓다가 위의 혼합물에 붓는다. 섞어서 반죽 형태를 만든다.

◆ 숟가락으로 반죽을 떠서 머핀 틀(실리콘, 종이 모두 상관없다)에 넣는다. 숟가락 아랫면이나 손가락으로 반죽 가운데를 꾹 누르고 만들어 둔 필링 재료를 한 작은술 넣는다. 맨 위에 펄 슈거를 흩뿌린다.

◆ 오븐에서 12~15분가량 굽는다. 윗면이 진한 금빛 갈색을 띠면 완성이다.

◆ 오븐에서 꺼내 잠시 식혔다가 따뜻할 때 먹어도 좋고 완전히 식은 후에 먹어도 좋다. 남은 것은 밀폐 용기에 보관한다.

'Better Life Work Balance' Organisation for Economic Co-operation and Development, http://www.oecdbetterlifeindex.org/topics/work-life-balance/

Blumenthal, James A. PhD; Babyak, Michael A. PhD; Moore, Kathleen A. PhD; et al 'Effects of Exercise Training on Older Patients With Major Depression' *ArchIntern Med*, 1999.

Booth, Michael. *The Almost Nearly Perfect People*. Jonathan Cape, 2014.

Creagh, Lucy; Kåberg, Helena and Miller Lane, Barbara, *Modern Swedish Design: Three Founding Texts*. New York: The Museum of Modern Art, 2008.

Hampden-Turner, Charles and Trompenaars, Alfons. *The Seven Cultures of Capitalism*. New York: Doubleday, 1993.

Hetter, Katia. 'Where Are the World's Happiest Countries?' CNN,

http://www.cnn.com/2016/03/16/travel/worlds-happiest-

countries-united-nations/

Johansen, Signe. *How to Hygge: The Nordic Secrets to a Happy Life*.

New York: St. Martin's Griffin, 2017.

'Living Planet Report 2016' World Wide Fund for Nature, http://

wwf. panda.org/about_our_earth/all_publications/lpr_2016/

McFadden, David Revere, editor. *Scandinavian Modern Design 1880-

1980*. New York: Henry N. Abrams, 1982.

Merling, Lara. 'The United States Trails Other Countries in Life-

Work Balance' Center for Economic and Policy Research. http://

cepr.net/blogs/cepr-blog/the-united-states-trails-other-countries-

in-work-life-balance

Murphy, Keith. *Swedish Design: An Ethnography.* New York: Cornell
University Press, 2014.

'OECD Environmental Performance Reviews: Sweden 2014'
Organisation for Economic Co-operation and Development,
http://www.oecd.org/env/country-reviews/oecd-environmental-
performance-reviews-sweden-2014-9789264213715-en.htm

'Parental Leave' Sweden.se, https://sweden.se/quick-facts/parental-
leave/

'People and the Planet Report' The Royal Society, 2012.

'Quick Facts, Renewable Energy' Sweden.se, https://sweden.se/
quick-facts/renewable-energy/

Shin, Won Sop. 'The influence of forest view through a window
on job satisfaction and job stress' *Scandinavian Journal of Forest*

Research, 2007.

Wilhide, Elizabeth. *Scandinavian Home: A Comprehensive Guide to Mid-Century Modern Scandinavian Designers.* London: Quadrille Publishing, 2008.

'Water Footprint Product Gallery' Water Footprint Network, http://waterfootprint.org/en/resources/interactive-tools/product-gallery/

감사의 말

책을 쓰는 일은 혼자서 할 수 없는 일이다. 언제나 많은 사람에게 감사하게 된다. 이분들이 없었다면 나는 이 책을 쓰지 못했을 것이다.

누구보다 먼저 감사해야 할 분은 나의 어머니, 브리타 브론스다. 나에게 스웨덴 문화에 대한 사랑을 심어줬고, 책의 초안을 수없이 읽으며 꼭 필요한 것들을 알려줬다. 어머니가 갖고 있는 광범위한 스웨덴 예술과 디자인 서적도 큰 도움이 됐다. 에버리 출판사의 모든 분, 특히 이 책의 아이디어를 떠올리게 해준 루이즈 맥키버에게 감사드린다. 고견을 주신 미카엘 파크발, 마이클 부스, 프리다 람스테드, 핌 쇼스트롬에게 감사드린다. 커스틴 허그베르그와 세실

리아 블롬베르그를 비롯한 많은 스웨덴 친구들의 반짝이는 통찰력은 나에게 큰 도움이 되었다. 출판 전반에 걸쳐 꾸준히 조언해준 케이틀린 케첨에게 고마움을 전한다. 사진과 편집에 도움을 줬을 뿐 아니라 균형 잡힌 삶의 의미에 대해 많은 토론을 나눈 루크 레벨에게도 감사드린다.

KI신서 7264

라곰 라이프

1판 1쇄 인쇄 2017년 12월 26일
1판 1쇄 발행 2018년 1월 12일

지은이 안나 브론스
옮긴이 신예희
펴낸이 김영곤 **펴낸곳** (주)북이십일 21세기북스
실용출판팀장 김수연 **책임편집** 이지연
디자인 강수진
출판영업팀 이경희 이은혜 권오권
출판마케팅팀 김홍선 최성환 배상현 신혜진 김선영 나은경
홍보기획팀 이혜연 최수아 김미임 박혜림 문소라 전효은 염진아 김선아
제휴팀장 류승은 **제작팀장** 이영민

출판등록 2000년 5월 6일 제406-2003-061호
주소 (10881) 경기도 파주시 회동길 201 (문발동)
대표전화 031-955-2100 **팩스** 031-955-2151 **이메일** book21@book21.co.kr

(주)북이십일 경계를 허무는 콘텐츠 리더

21세기북스 채널에서 도서 정보와 다양한 영상자료, 이벤트를 만나세요!
장강명, 요조가 진행하는 팟캐스트 말랑한 책 수다 〈책, 이게 뭐라고〉
페이스북 facebook.com/21cbooks   블로그 b.book21.com
인스타그램 instagram.com/21cbooks   홈페이지 www.book21.com

ISBN 978-89-509-7311-7 (03320)